BIBLIOTHÈQUE INTERNATIONALE.

LES

PETITS BOURGEOIS

SCÈNES

DE LA VIE PARISIENNE

ROMAN POSTHUME DE

H. DE BALZAC.

3

BRUXELLES ET LEIPZIG.

KIESSLING, SCHNÉE ET Cie, LIBRAIRES,

RUE VILLA-HERMOSA, 1.

1855

LES

PETITS BOURGEOIS

SCÈNES

DE LA VIE PARISIENNE.

BRUXELLES

IMPRIMERIE DE A. LABROUE ET COMPAGNIE,
36, rue de la Fourche.

LES

PETITS BOURGEOIS

SCÈNES

DE LA VIE PARISIENNE

Roman posthume de

H. DE BALZAC.

5

Édition autorisée pour la Belgique et l'étranger,
interdite pour la France.

BRUXELLES ET LEIPZIG,

KIESSLING, SCHNÉE ET Cⁱᵉ, ÉDITEURS,

RUE VILLA-HERMOSA, 1.

1855

LES

PETITS BOURGEOIS

SCÈNES

DE LA VIE PARISIENNE.

XVII

UN HOMME QUI SE PLAINT QUE L'ÉTOILE
EST TROP BELLE.

———

Le père Picot était un homme de haute taille,
à la figure anguleuse et sévère, et qui, malgré
le correctif d'une perruque blonde à grosses
boucles et celui de ce pacifique garde-vue dont
nous avons déjà parlé, montrait dans ses
grands traits, sur lesquels l'acharnement de
l'étude avait étendu une couche de pâleur bla-

farde, quelque chose de hargneux et de batailleur; du reste, en ce sens, avant même de paraître dans la salle à manger où chacun se leva pour le recevoir, il avait déjà fait ses preuves.

Son costume était une vaste redingote tenant le milieu entre le paletot et la robe de chambre sous laquelle un immense gilet en drap gris de fer, fermé par deux rangs de boutons, à la hussarde, du nombril jusqu'à la gorge, formait une sorte de plastron; le pantalon, quoique octobre tirât à sa fin, était en lasting noir et témoignait de son long service par le mat d'une reprise très-peu perdue, se détachant sur deux plaques luisantes auxquelles le frottement avait donné naissance dans la région des genoux; mais au grand jour, dans la toilette du vieux savant, le détail qui frappait le plus vivement les yeux, c'étaient des pieds de Patagon emprisonnés dans des souliers de castorine qui, forcés de se mouler sur les ondulations montagneuses de gigantesques oignons, faisaient involontairement penser au dos d'un dromadaire ou à un cas d'éléphantiasis déjà avancé.

Une fois installé sur le siége qu'on s'était

empressé de lui avancer, quand tout le monde
.eut repris sa place, au milieu du silence qu'a-
vait créé la curiosité :

— Où est-il ? s'écria le vieillard d'une voix
tonnante, ce vaurien ! ce polisson ! Qu'il se
montre, qu'il ose faire entendre sa voix !

— A qui en avez-vous, cher monsieur ? demanda Thuillier d'un ton de conciliation où
pouvait être saisi quelque chose de protecteur.

— A un drôle que je n'ai pas trouvé à son
domicile, monsieur, et qu'on m'a dit être dans
cette maison. Je suis bien ici chez M. Thuillier, membre du conseil général, place de la
Madeleine, au premier au-dessus de l'entre-sol ?

— Parfaitement, monsieur, répondit Thuillier, et j'ajouterai que vous y êtes entouré de
tous les respects et de toutes les sympathies.

— Et vous permettrez sans doute, continua
Minard, que le maire de l'arrondissement limi-
trophe à celui que vous habitez se félicite pour
son compte d'être ici en présence de M. Picot,
celui sans doute qui vient d'immortaliser son
nom par la découverte d'une étoile ?

— Oui, monsieur, répondit le professeur en

élevant encore le diapason *stentorique* de sa voix, je suis Picot (Népomucène), celui que vous voulez dire; mais je n'ai pas découvert d'étoile, je ne me mêle pas de ces fadaises, j'ai les yeux très-fatigués, et c'est un ridicule qu'a essayé de me donner l'insolent que je suis venu chercher jusqu'ici; il se cache, le lâche, et n'ose pas souffler mot devant moi !

— Quelle est donc cette personne à laquelle vous en voulez tant? fut-il demandé au terrible vieillard par plusieurs voix à la fois.

— Un élève dénaturé, répondit le vieux mathématicien, un mauvais sujet, plein de moyens d'ailleurs, le nommé Félix Phellion.

Ce nom fut accueilli avec l'étonnement que l'on peut croire. Trouvant la situation plaisante, Colleville et la Peyrade rirent aux éclats.

— Tu ris, misérable ! s'écria le fougueux vieillard en se levant; mais viens donc rire au bout de mon bras !

Et, en brandissant un énorme jonc à pomme de porcelaine qui servait à le conduire, il faillit renverser par-dessus la tête de madame Minard un candélabre placé sur la table.

— On vous a trompé, monsieur, dit Brigitte en s'élançant et en lui prenant le bras,

M. Félix Phellion n'est pas ici. Il est probable qu'il y viendra tout à l'heure pour une soirée que nous donnons, mais pour le moment il n'est pas arrivé.

— Elles ne commencent pas de bonne heure, vos soirées! dit le vieillard; il est huit heures passées. Enfin, dès lors que M. Félix doit venir, vous me permettrez de l'attendre; vous étiez en train de dîner, je crois; ne vous dérangez pas.

Et il reprit plus tranquillement possession de son siége.

— Puisque vous le permettez, monsieur, dit Brigitte, nous allons continuer, ou, pour mieux dire, finir, car nous étions au dessert. Peut-on vous offrir quelque chose, un verre de champagne et un biscuit?

— Je veux bien, madame, répondit le vieillard. On n'a jamais refusé du champagne, et je prends volontiers quelque chose entre mes repas; seulement vous dînez bien tard.

Une place fut faite à la table entre Colleville et mademoiselle Minard, et le musicien se chargea de tenir plein le verre de son nouveau voisin devant lequel on plaça une assiette de petit four.

— Monsieur, lui dit alors la Peyrade d'un ton patelin, vous nous voyez tous surpris que vous ayez à vous plaindre de M. Félix Phellion, un jeune homme si doux, si inoffensif! Que vous a-t-il donc fait au juste pour que vous lui en vouliez à ce point?

La bouche pleine de la pâtisserie qu'il y engloutissait dans des proportions à inquiéter Brigitte, le professeur fit signe qu'il allait répondre, et, après s'être trompé de verre et avoir absorbé le contenu de celui de Colleville :

— Ce que m'a fait cet insolent! répondit-il. Des tours pendables, car ce n'est pas le premier que j'ai à lui reprocher. Il sait que je ne peux pas souffrir les étoiles, étant payé pour n'en faire aucun cas. En 1807, comme attaché au bureau des Longitudes, je fis partie de l'expédition scientifique envoyée en Espagne, sous la direction de mon ami et confrère Jean-Baptiste Biot, pour terminer l'arc du méridien terrestre depuis Barcelone jusqu'aux îles Baléares. J'étais en train d'observer une étoile, peut-être celle que mon gredin d'élève vient par hasard de découvrir, lorsque tout à coup, la guerre ayant éclaté entre la France et l'Espagne, les paysans, en me voyant perché avec une lunette sur le mont Galazzo, se figurèrent que je faisais des signaux à l'ennemi. Un rassemblement d'enragés brisa mes instruments et parlait de m'écharper moi-même. J'étais f...., j'étais flambé, sans un capitaine de vaisseau qui me fit prisonnier et me fourra à la citadelle de Belver où je passai trois ans dans la plus dure captivité. Depuis ce temps, on le comprendra, j'ai pris en grippe tout le système céleste; c'est pourtant moi, sans le vouloir, qui fus le premier à apercevoir la fameuse comète de 1811, mais je n'en aurais pas dit mot sans M. Flauguergues qui eut l'indiscrétion de l'annoncer. Comme tous mes élèves, Phellion connaît mon aversion déclarée pour les étoiles, et il savait bien que le plus mauvais tour à me jouer, c'était de m'en flanquer une sur le dos. Aussi, la députation qui est venue me faire la farce de me complimenter est bien heureuse de ne m'avoir pas trouvé chez moi, car je vous assure que MM. les académiciens, tout de l'Académie qu'ils sont, auraient passé un fort mauvais quart d'heure.

Tout le monde trouvait infiniment plaisante cette singulière monomanie du vieux mathématicien. La Peyrade seul, commençant à se rendre bien compte du rôle que Félix avait joué dans la circonstance, en était aux regrets d'avoir provoqué cette explication.

— Pourtant, M. Picot, dit Minard, si Félix Phellion n'est coupable que de vous avoir attribué sa découverte, il me semble qu'au bout de son mauvais procédé il y avait un certain dédommagement : la croix de la Légion d'honneur, une pension et la gloire qui va s'attacher à votre nom.

— La croix et la pension, je les prends, dit le vieillard en vidant son verre, qu'à la grande terreur de Brigitte il reposa ensuite sur la table d'une force à en briser le pied. Il y a vingt ans que le gouvernement me les devait, non pas pour des découvertes d'étoiles, j'ai toujours méprisé cet article, mais pour mon fameux traité des *logarithmes différentiels* que Kepler a jugé convenable d'appeler des mono-logarithmes, et qui font suite aux tables de Neper ; pour mon *Postulatum* d'Euclide, dont le premier j'ai trouvé la solution ; mais surtout pour ma *Théorie du mouvement perpétuel*, quatre volumes in-4° avec planches, Paris, 1825. Vous voyez donc bien, monsieur, que

vouloir me donner de la gloire, c'est porter de
l'eau à la rivière. J'avais si peu besoin de
M. Phellion pour me faire une position dans
la science, qu'il y a déjà longtemps je l'avais
honteusement expulsé de chez moi.

— Est-ce que ce ne serait pas la première
étoile, demanda gaiement Colleville, dont il
aurait osé vous faire la farce?

— Il a fait pis que cela ! s'écria le vieillard ;
il a détruit ma réputation, il a terni ma gloire.
Ma *Théorie du Mouvement perpétuel*, dont l'impression m'a coûté les yeux de la tête, quand
elle aurait dû être imprimée à l'Imprimerie
royale, était pour faire ma fortune et me rendre
immortel. Eh bien, le misérable Félix a tout
empêché. De temps en temps, faisant semblant d'être en relation avec mon éditeur :
« Papa Picot, me disait ce jeune sycophante,
ça se vend très-bien, votre livre : voilà cinq
cents francs, voilà cinquante écus, quelquefois même voilà mille francs que je suis chargé
de vous remettre de la part de votre libraire. »
Le manége dura des années, et le libraire,
qui avait eu la lâcheté d'entrer dans le com-
plot, me disait, quand je passais à sa bouti-
que : « Mais, oui, ça ne va pas mal, ça *boulotte*,

et nous verrons la fin de la première édition. »
Moi, sans défiance, j'empochais l'argent et me
disais : « Mon livre est goûté, l'idée petit à petit
fait son chemin, et d'un jour à l'autre je dois
m'attendre à voir quelque grand capitaliste
venant me proposer d'appliquer mon système... »

— De l'*absorption des liquides?* demanda
Colleville, qui était sans cesse occupé à rem-
plir le verre du vieux maniaque.

— Non, monsieur, du *Mouvement perpétuel,*
4 vol. in-4°, avec planches ; Paris, 1825. Mais
bah ! les jours se passaient sans que personne
se présentât, si bien que, me figurant que
mon éditeur n'y mettait pas toute l'activité désirable, je voulus vendre à un autre libraire la
seconde édition. C'est alors, monsieur, que se
découvrit toute la trame, et je dus jeter ce
serpent à la porte. En six ans, il s'était vendu
en tout neuf exemplaires ; endormi dans une
fausse sécurité, je n'avais rien fait pour la
propagation de mon livre qui était censé s'en-
lever tout seul, et c'est ainsi que, victime
d'une jalousie et d'une méchanceté noires,
j'étais indignement dépouillé du prix de mes
travaux.

— Mais, dit Minard, se faisant l'organe de
la pensée de toute l'assistance, ne pourrait-on
pas voir là plutôt une manière aussi ingénieuse
que délicate...

— De me faire l'aumône, n'est-ce pas? interrompit le vieillard avec un éclat de voix qui
fit sauter sur sa chaise mademoiselle Minard;
m'humilier, me déshonorer, moi, son vieux
professeur! Est-ce que j'ai besoin des secours
de la charité? Est-ce que Picot Népomucène,
auquel sa femme avait apporté cent mille
francs en dot, a jamais tendu la main à personne? Mais aujourd'hui on ne respecte rien :
un bonhomme, comme on nous appelle, on
surprend sa religion, sa bonne foi, pour pouvoir dire ensuite au public : « Ces vieux rado-
« teurs, vous le voyez bien, ça n'est bon à
« rien ; il faut que nous, la jeune génération,
« nous les modernes, nous la jeune France,
« nous les prenions en sevrage. » Blanc-bec,
va! toi, me nourrir! Mais les vieux radoteurs
dans leur petit doigt en savent plus que vous
dans toute votre cervelle, et vous ne les vau-
drez jamais, petits intrigants que vous êtes!
Du reste, je suis bien tranquille pour ma vengeance ; ce jeune Phellion ne peut manquer de

mal finir; ce qu'il a fait aujourd'hui en pleine Académie en lisant sous mon nom un mémoire, c'est tout simplement un faux, et la loi punit cela des galères.

— C'est vrai pourtant, dit Colleville, un faux en étoile publique!

Brigitte, qui tremblait pour ses verres et dont les nerfs étaient agacés par la furieuse consommation du vieillard, donna en se levant le signal de passer au salon; plusieurs fois d'ailleurs elle avait entendu résonner la sonnette lui annonçant que quelques-uns des invités de la soirée devaient être déjà arrivés. On voulut alors transborder le vieux professeur, et Colleville lui offrit complaisamment son bras.

— Non, monsieur, dit-il, permettez que je reste où je suis. Je ne suis pas vêtu pour une soirée, et d'ailleurs la grande lumière me fatigue la vue. Aussi bien, je n'aime pas à me donner en spectacle, et il vaut autant que la scène qui doit se passer entre moi et mon élève ait lieu ici entre *quatre-z-yeux*.

— Eh bien, laissez-le, dit Brigitte à Colleville.

Et personne n'insista, le vieux bonhomme

s'étant, à son insu, à peu près découronné de toute sa considération. Seulement, avant de le quitter, la bonne ménagère eut soin de ne rien laisser de fragile à sa portée; et puis, par un reste d'attention .

— Vous enverrai-je du café? demanda-t-elle.

— J'en prends, madame, répondit le père Picot, et du cognac aussi.

— Oh! parbleu! il prend de tout, dit en s'en allant Brigitte au domestique *mâle*.

Et elle lui recommanda d'avoir l'œil sur ce vieux fou.

Quand Brigitte rentra au salon, elle vit que l'abbé Gondrin était devenu le centre d'un grand cercle formé par presque toute l'assis tance, et s'étant à son tour approchée, elle l'entendit qui disait :

— Je remercie le ciel de m'avoir ménagé cette bonne fortune. Jamais je n'éprouvai une émotion pareille à celle dont m'a rempli la scène à laquelle nous venons d'assister, et il n'est pas jusqu'à la forme un peu burlesque de cette confidence qui était certainement bien naïve, car elle était bien involontaire, qui n'ait servi à la glorification de l'étonnante générosité qu'elle nous révélait. Placé par mon mi-

nistère sur le chemin de bien des charités,
témoin ou intermédiaire de bien de bonnes
actions, je déclare n'avoir rencontré de ma vie
un dévouement plus touchant et plus ingénieux;
laisser ignorer à la main gauche ce que
donne la main droite, c'est déjà bien entrer
dans le christianisme, mais aller jusqu'à se
dépouiller de sa gloire, et en faire litière à
un autre dans des conditions si extraordinaires, avec la chance d'être renié, méconnu,
repoussé, c'est l'Évangile appliqué dans toute
la hauteur de ses préceptes ; c'est être plus
qu'une sœur de charité, c'est être l'apôtre
de la bienfaisance : que je voudrais donc
connaître ce noble jeune homme et lui serrer
la main !

Ayant son bras passé dans celui de sa marraine, Céleste était à quelques pas du prêtre.
L'oreille tendue à sa parole à mesure qu'il
parlait et analysait le généreux procédé de
Félix, elle serrait plus vivement le bras de
madame Thuillier, et lui disait à voix basse :

— Tu entends, marraine ; tu entends !

Pour détruire l'inévitable effet que cet éloge
si chaleureux devait produire sur Céleste :

— Malheureusement, M. l'abbé, dit Thuil-

lier, ce jeune homme dont vous faites ici un
si *grand récit*, il ne vous est pas tout à fait
inconnu. J'ai eu l'occasion de m'entretenir de
lui avec vous et de regretter qu'il ne nous fût
pas loisible de donner suite à de certains projets que nous avions pu avoir sur lui, attendu
l'indépendance tout à fait compromettante qu'il
affecte dans ses opinions religieuses.

— Ah ! c'est le même jeune homme, dit
l'abbé ; vous m'étonnez beaucoup ; et il faut
dire que le rapprochement ne pouvait me
tomber dans la pensée.

— Mon Dieu ! M. l'abbé, dit la Peyrade en
prenant la parole, vous le verrez dans un moment, et, en le plaçant sur le terrain de certaines questions, vous n'aurez pas de peine à
mesurer la profondeur des ravages que l'orgueil de la science peut exercer dans les âmes
les plus heureusement douées.

— Je ne le verrai pas, dit l'abbé, car ma
robe noire ne tarderait pas à être déplacée au
milieu de la gloire mondaine qui peu à peu
remplit ce salon. Mais comme je sais, M. la
Peyrade, que vous êtes un homme sincèrement pieux et convaincu, et comme sans aucun
doute vous portez au salut de ce jeune homme

tout l'intérêt que j'y puis porter moi-même, en partant je vous dirai : Rassurez-vous ; un peu plus tôt, un peu plus tard, ces âmes d'élite nous reviennent, et dût le retour de ces enfants prodigues se faire beaucoup attendre, en les voyant aller à Dieu, je ne désespérerais pas encore pour eux de sa clémence infinie.

Cela dit, l'abbé se mit en devoir de trouver son chapeau afin de quitter le salon.

Au moment où il croyait s'esquiver sans être aperçu, il fut arrêté par Minard.

— Monsieur, lui dit le maire du onzième, permettez-moi de vous serrer la main et de vous féliciter des paroles de tolérance qui viennent de tomber de votre bouche. Ah ! si tous les prêtres vous ressemblaient, que de conquêtes la religion ferait ! J'ai en ce moment un chagrin de famille et un plan de conduite à décider, sur lequel je serais heureux d'avoir votre avis et d'invoquer l'assistance de vos lumières.

— Quand il vous plaira, M. le maire, répondit l'abbé, rue de la Madeleine, 8, derrière la cité Berryer ; après ma messe, que je dis à six heures, je suis chez moi d'ordinaire toute la matinée.

Aussitôt que l'abbé fut sorti, prenant à part madame Minard :

— Eh bien, tout est vrai, dit Minard, et la lettre anonyme ne nous avait pas induits en erreur : M. Julien entretient en effet une ancienne actrice de Bobino, et c'est bien pour assister à ses débuts au théâtre des *Folies-Dramatiques* qu'il a feint aujourd'hui d'être malade. La concierge de la maison où demeure cette donzelle vit très-mal avec la mère qui passe pour une ancienne harengère, et moyennant un écu de cent sous, elle m'en a conté du long et de large. Ce soir, en rentrant, j'aurai avec monsieur mon fils une sérieuse explication.

— Mon ami, dit théâtralement madame Minard, je t'en supplie, pas de résolutions violentes !

— Prends garde, dit Minard, nous sommes ici en vue de tous ; pour des résolutions je n'en ai adopté aucune, je viens de demander à l'abbé Gondrin de vouloir bien m'aider de ses conseils, parce que, vois-tu, les prêtres, on en fait fi quand on est dans le bonheur, mais quand l'adversité vient s'abattre sur vous...

— Mais, mon ami, tu prends la chose bien au sérieux, il faut que jeunesse se passe.

— Oui, dit Minard, mais il y a des choses, moi, que je ne saurais passer. Un fils de famille entre les mains de pareilles femmes, c'est le déshonneur, c'est la ruine entrant dans une maison. Tu ne sais pas, toi, Zélie, ce que c'est que les femmes de théâtre ! Ce sont des Laïs et des Phrynés de l'espèce la plus dangereuse, et il suffit qu'un jeune homme appartienne à la bourgeoisie pour qu'elles prennent à le ruiner un plaisir particulier. Elles prétendent que notre argent, à nous autres commerçants, est de l'argent volé, que nous sommes des épiciers, des falsificateurs, et fouiller dans nos poches, elles appellent cela nous faire rendre gorge. Quel malheur que je ne sache pas où trouver maintenant madame la comtesse de Godollo, une femme du monde si expérimentée ! Voilà qui il eût fait bon consulter.

Tout d'un coup un tintamarre effroyable vint mettre fin à cet aparté conjugal. S'élançant dans la salle à manger, d'où était venu un bruit de meubles renversés et de verrerie mise en morceaux, Brigitte trouva Colleville occupé à ajuster sa cravate et à s'assurer que son habit, cruellement déformé à la hauteur du collet, ne portait pas de traces de violence allant jusqu'à la déchirure.

— Qu'est-ce donc? dit Brigitte.

— Eh! c'est ce vieux fou, dit Colleville, qui est enragé. J'étais venu déguster mon café avec lui pour lui tenir compagnie, il a pris de travers une plaisanterie, s'est emporté jusqu'à me colleter et a renversé dans la lutte deux ou trois chaises et un plateau de verres porté par Joséphine, qui ne s'est pas détournée assez à temps.

— Parce que vous l'avez asticoté, dit Brigitte avec humeur; vous ne pouviez pas rester dans le salon au lieu de venir faire ici ce que vous appelez vos charges; vous vous croyez toujours à l'orchestre de l'Opéra-Comique!

Cette aigre parole jetée, en femme résolue, voyant bien qu'il fallait se débarrasser de cette espèce de vieillard féroce, qui menaçait de mettre son ménage à feu et à sang, Brigitte s'approcha du père Picot tranquillement occupé à faire brûler de l'eau-de-vie dans sa soucoupe.

— Monsieur! lui cria-t-elle de toute la force de ses poumons, comme si elle eût parlé à un

sourd (un aveugle lui parut devoir être pris de
la même façon), je viens vous dire une chose
qui vous contrariera : M. et madame Thuillier
entrent en ce moment, et ils m'annoncent que
M. Félix ne viendra pas.

Et se servant de la version qui avait servi à
Félix Minard :

— Il a été pris, ce soir, ajouta-t-elle, d'un
mal de gorge et d'un enrouement.

— Qu'il a gagné à la lecture de tantôt ! s'é-
cria d'un air joyeux le vieux professeur. Eh
bien, c'est justice ! Madame, où prenez-vous
votre eau-de-vie ?

— Mais chez mon épicier, répondit Brigitte,
stupéfaite de la question.

— Eh bien, madame, je vous dois cet aveu ;
dans une maison où l'on boit du champagne
excellent, et qui me rappelle celui qui se sa-
blait jadis à la table du grand maître de l'Uni-
versité, feu M. de Fontanes, il est honteux
d'avoir de l'eau-de-vie pareille. Je vous le dis
avec la franchise dont je me pique en toute
chose, elle est bonne à laver les pieds des chevaux ; et si je n'avais pas eu la ressource de
la faire brûler...

— Mais c'est le diable en personne ! se dit

Brigitte; pas une excuse du dégât qu'il vient
de causer, et *mécaniser* encore mon eau-de-
vie !

— Monsieur, reprit-elle toujours sur le
même diapason élevé, M. Félix ne venant pas,
ne pensez-vous pas que votre famille pourrait
s'inquiéter de votre longue absence?

— De famille, madame, je n'en ai pas, vu
qu'elle veut me faire interdire ; mais j'ai ma
gouvernante, madame Lambert, qui doit en
effet être étonnée de ne pas me voir rentré à
cette heure, et je ne demande pas mieux que
d'aller la rejoindre, car, plus tard je rentrerai,
plus la scène sera violente. Mais je vous avoue
que dans ce quartier perdu j'aurai quelque
peine à me démêler.

— Eh bien, il faut prendre une voiture.

— Voiture pour aller, voiture pour revenir,
c'est pour le coup que mes excellents parents
auraient le droit de dire que je suis prodigue.

— J'ai justement une course pressée à faire
faire dans votre quartier, dit Brigitte, qui vit
bien qu'il fallait se décider à un sacrifice, j'allais envoyer mon concierge avec un cabriolet,
si vous voulez profiter de cette commodité?

— J'accepte, madame, dit le vieux profes-

seur en se levant, et au besoin vous constate-
riez devant mes juges que vous m'avez vu
lésiner sur une course de fiacre.

— Henri, dit Brigitte à son domestique,
menez monsieur jusque chez M. Pascal, le
concierge; et dites-lui qu'en faisant la commis-
sion dont je l'avais chargé tantôt, il le recon-
duise jusqu'à sa porte, en en ayant bien soin.

— Bien soin, bien soin! répéta le vieillard
en refusant le bras du domestique; vous me
prenez donc, madame, pour un colis, pour une
pièce de porcelaine fêlée?

Voyant son homme arrivé à la porte, Brigitte se laissa aller à le brusquer un peu.

— Ce que j'en dis, monsieur, c'est pour
votre bien, et vous me permettrez de vous *observer* que vous n'avez pas le caractère très-
bien fait.

— Bien soin! répéta le vieillard; mais vous
ne savez donc pas, madame, qu'avec de pareils
mots on fait interdire un homme? Du reste,
je ne répondrai pas par des grossièretés à
l'hospitalité si bienveillante que j'ai reçue,
d'autant mieux que ce monsieur qui avait
semblé vouloir me manquer, je crois l'avoir
convenablement remis à sa place.

— Va donc ! va donc ! vieille bête ! dit Brigitte en lui fermant la porte sur le dos.

Avant de rentrer au salon, elle fut obligée de boire un grand verre d'eau, la contrainte à laquelle elle s'était vue forcée pour en finir avec ce dangereux hôte l'avait, suivant son expression, toute *retournée*.

———————

XVIII

ÉCLIPSE DE NOTAIRE.

———

Le lendemain matin, Minard père se fit annoncer dans le cabinet de Phellion. Le grand citoyen et son fils Félix étaient alors occupés d'un intérêt qui semblait passionner leur conversation.

— Mon cher Félix, s'écria le maire du onzième en donnant vivement la main au jeune professeur, c'est vous qui m'amenez ici ce matin; je viens pour vous offrir mes félicitations!

— Qu'y a-t-il donc? demanda Phellion ; les Thuillier se décideraient-ils enfin...?

— Il s'agit bien des Thuillier! interrompit le maire : mais, ajouta-t-il en regardant Félix, est-ce que même à vous le sournois vous aurait caché...?

— Je ne crois pas que jamais mon fils, dit le grand citoyen, ait eu quelque chose de caché pour moi.

— Ainsi la sublime découverte astronomique qu'il a communiquée hier à l'Académie des sciences, vous la connaissiez?

— Votre bienveillance pour moi, monsieur le maire, dit vivement Félix, vous a fait prendre le change ; je n'étais que le lecteur et non l'auteur du mémoire.

— Laissez-nous donc tranquilles! dit Minard ; le lecteur! tout est connu.

— Mais voyez, dit Félix en présentant à Minard le Constitutionnel, voilà le journal : non-seulement il annonce que M. Picot est l'auteur de la découverte, mais il mentionne les récompenses que, sans perdre un moment, le gouvernement lui a décernées.

— Félix a raison, dit Phellion ; le journal fait foi, et je trouve qu'en cette occasion le gouvernement s'est très-convenablement montré.

— Mais, mon cher commandant, je vous répète que toute l'affaire est éventée, et votre fils n'en est qu'un garçon plus admirable. Mettre sur le compte de son vieux professeur sa découverte, afin d'attirer sur lui les faveurs du pouvoir, dans toute l'antiquité je ne connais pas un aussi beau trait.

— Félix! dit Phellion père avec un commencement d'émoi, ces immenses travaux auxquels vous vous livriez depuis quelque temps, ces visites continuelles à l'Observatoire...

— Mais non, mon père, M. Minard a été mal informé.

— Mal informé! répéta Minard, quand je sais toute l'affaire de M. Picot lui-même!

A cet argument, jeté de manière à ne pas laisser un doute après lui, la vérité acheva d'apparaître à l'esprit de Phellion.

— Félix, mon enfant! s'écria-t-il en se levant pour embrasser son fils, mais il fut obligé de se rasseoir; ses jambes refusaient de le porter, il devint pâle, et cette nature, ordinairement si impassible, paraissait près de succomber à l'atteinte de ce bonheur qui venait s'abattre sur elle.

— Mon Dieu! dit Félix avec épouvante, il
se trouve mal; sonnez, je vous en prie,
M. Minard.

Et en même temps il courait auprès du
vieillard dont il desserra rapidement la cravate et le col de chemise, en lui frappant dans
les mains. Mais cette défaillance ne fut qu'un
éclair; presque aussitôt rendu à lui même,
Phellion attira son fils sur son cœur et, le tenant longtemps embrassé, d'une voix entrecoupée par les larmes qui vinrent mettre fin
à cette crise de joie :

— Félix, mon noble fils, répétait-il, toi, si
grand par le cœur et si grand par l'esprit!

Le coup de sonnette qu'avait donné Minard
était accentué de telle façon et si magistral,
que toute la maison fut aussitôt sur pied.

— Ce n'est rien, ce n'est rien, dit Phellion
aux domestiques en les congédiant.

Mais, presque au même moment voyant entrer sa femme, il reprit sa solennité habituelle :

— Madame Phellion, lui dit-il en lui montrant Félix, combien y a-t-il d'années que vous
avez mis ce jeune homme au monde?

Madame Phellion, stupéfaite de la question, hésita un moment et finit par répondre :

— Vingt-cinq ans au mois de janvier prochain.

— Ne trouviez-vous pas, continua Phellion, que jusqu'ici Dieu avait assez exaucé vos vœux maternels en permettant que l'enfant de vos entrailles fût un honnête homme, un fils pieux, doué d'ailleurs pour les mathématiques, la science des sciences, d'une aptitude assez distinguée?

— Sans doute, dit madame Phellion comprenant de moins en moins où son mari voulait en venir.

— Eh bien, continua Phellion, vous devez au ciel un supplément d'actions de grâces, car il a permis que vous fussiez la mère d'un homme de génie ; ces travaux, que nous avons calomniés et qui nous faisaient craindre pour la raison de notre cher enfant, c'était le chemin, rude et escarpé, par lequel on arrive à la gloire.

— Ah çà ! dit madame Phellion, auras-tu bientôt fini toi-même d'arriver à te faire comprendre?

— Monsieur votre fils, dit Minard, mesurant mieux cette fois la joie qu'il allait verser, de peur d'être la cause d'une nouvelle ivresse de bonheur, vient de faire en astronomie une découverte importante.

— Vrai? dit madame Phellion en allant à Félix, en lui prenant les deux mains, et en le regardant avec amour.

— Quand je dis importante, continua Minard, je ménage votre susceptibilité maternelle : c'est une découverte sublime, étourdissante, qu'il faut dire. Il n'a que vingt-cinq ans, et son nom, dès à présent, est immortel.

— Et voilà l'homme, dit madame Phellion transportée, en embrassant Félix avec effusion, auquel on préfère un la Peyrade!

— On ne le préfère pas, madame, dit Minard, car les Thuillier ne sont pas la dupe de cet intrigant : mais il s'impose. Thuillier s'est imaginé que sans lui il ne pouvait arriver à la députation, laquelle au reste il ne tient pas encore, et l'on sacrifie tout à cet intérêt.

— Mais n'est-ce pas une horreur, dit madame Phellion, de faire passer son ambition avant le bonheur de ses enfants !

— Ah! dit Minard, Céleste n'est pas leur enfant; elle n'est que leur fille adoptive.

— Du côté de Brigitte, dit madame Phellion ; mais du côté du *beau* Thuillier?

— Ma bonne amie, dit Phellion, pas d'aigreur ; le bon Dieu vient de nous envoyer une
grande consolation ; et enfin, quoique bien
avancé, ce mariage, devant lequel j'ai le regret
de dire que Félix ne se conduit pas avec toute
la philosophie désirable, peut encore ne pas
avoir lieu.

En voyant que Félix hochait la tête d'un air
d'incrédulité :

— Mais oui, dit Minard, le commandant a
raison ; hier au soir, à la signature du contrat,
il y a eu un accroc. Vous n'êtes pas venus,
c'est vrai ; votre absence a été très-remarquée.

— Nous étions invités, dit Phellion, et jusqu'au dernier moment nous avons hésité pour
savoir si nous marcherions ; mais, vous comprenez, notre situation était fausse, et puis
Félix, ce que je m'explique maintenant, puisqu'il avait lu à l'Académie pour son compte,
était brisé d'émotion et de fatigue. Nous présenter sans lui eût été gauche ; c'est pourquoi
nous fîmes comme le Sage et primes le parti
de nous abstenir.

— Le voisinage de l'homme qu'il venait de
déclarer immortel n'empêcha pas Minard, aussitôt que l'occasion lui en fut faite, de se pré-

cipiter avidement sur l'une des joies les plus
prisées de la vie bourgeoise, à savoir, le com-
mérage et le colportage des nouvelles.

— Figurez-vous, dit-il donc, qu'hier, dans
la maison Thuillier, il s'est passé un monde
de choses plus extraordinaires les unes que
les autres.

Et d'abord il raconta tout le curieux épisode
du père Picot.

Ensuite il parla de la chaleureuse approba-
tion donnée par l'abbé Gondrin à la conduite
de Félix et du désir que le jeune prédicateur
avait témoigné de le connaître.

— J'irai le voir, dit Félix : savez-vous où
il demeure?

— Rue de la Madeleine, 8, répondit Minard ;
j'en sors il n'y a qu'un moment ; j'avais à l'entretenir d'un cas très-délicat, ses conseils ont
été aussi charitables que lumineux ; mais le
grand événement de la soirée, c'est toute une
belle société assemblée pour écouter la lecture
du contrat, et le notaire, après s'être fait attendre pendant plus d'une grosse heure, finis-
sant par ne pas venir.

— Ainsi, dit vivement Félix, le contrat n'a
pas été signé?

— Pas même lu, mon ami : tout d'un coup on est venu dire que le notaire était parti pour Bruxelles.

— Sans doute, dit naïvement Phellion, une affaire majeure ?

— Des plus majeures, répondit Minard ; une légère banqueroute de cinq cent mille francs, que laisse après lui ce monsieur.

— Mais quel est donc, demanda Phellion, cet officier public manquant d'une manière aussi scandaleuse aux saints devoirs de sa profession ?

— Parbleu ! votre voisin de la rue Saint-Jacques, le notaire Dupuis.

— Comment ! dit madame Phellion, un homme si pieux, qui était marguillier de la paroisse !

— Eh ! madame, dit Minard, ce sont ceux-là qui courent le mieux la poste ; il y a déjà des précédents.

— Mais, dit Phellion, cette nouvelle jetée au milieu d'une soirée privée a dû y faire l'effet d'un coup de foudre.

— D'autant mieux, dit Minard, qu'elle y a été apportée de la façon la plus inattendue et la plus singulière.

— Contez-nous donc ça ? dit madame Phellion en s'animant.

— Il paraît, poursuivit Minard, que ce vertueux filou avait les économies d'un grand nombre de domestiques, et que mons la Peyrade, parce que, voyez-vous, tous ces dévots, c'est une clique, se chargeait de lui recruter dans ce monde-là des capitaux.

— Je l'avais toujours dit, interrompit madame Phellion, ce n'est rien du tout que ce Provençal.

— Notamment, reprit le maire, il avait fait placer chez mons Dupuis, au compte d'une vieille gouvernante, une cagote aussi, certaine petite somme qui, ma foi ! en valait la peine : vingt-cinq mille francs, s'il vous plaît ; cette gouvernante, nommée madame Lambert...

— Madame Lambert ! interrompit à son tour Félix, mais c'est la gouvernante de M. Picot ; bonnet étriqué, visage pâle et maigre, parlant toujours les yeux baissés, et ne montrant pas de cheveux.

— C'est ça même, dit Minard, une vraie figure de cafarde.

— Vingt-cinq mille francs d'économies ! dit

Félix, je ne m'étonne pas que le pauvre père Picot soit toujours gêné.

— Et qu'il faille, dit finement Minard, se mêler de la vente de ses livres. Quoi qu'il en soit, vous imaginez bien qu'en apprenant la fuite du notaire, cette femme fut aux cent coups. Aussitôt de courir au domicile de la Peyrade ; chez la Peyrade, on lui dit qu'il dîne et passe la soirée chez les Thuillier dont on ne lui donne pas bien l'adresse, de façon qu'après avoir couru toute la soirée, sur les dix heures, quand depuis un temps infini on était là dans ce salon à se regarder le blanc des yeux, sans savoir ni que dire ni que faire, car ce n'est ni Brigitte ni Thuillier qui étaient gens à se tirer d'un si mauvais pas, et nous n'avions là pour nous charmer l'attente ni la voix de madame de Godollo, ni le talent de madame Phellion...

— Oh! vous êtes trop poli, monsieur le maire, dit madame Phellion en minaudant.

— Enfin, reprit Minard, sur les dix heures, la femme Lambert arrive jusqu'à l'antichambre de M. le conseiller général et demande en grand émoi à parler à M. l'avocat.

— C'était naturel, dit Phellion : intermédiaire

du placement, cette femme avait le droit de lui en demander compte.

— Vous allez voir le tartufe, continua Minard : aussitôt sorti, il rentre rapportant la nouvelle. Comme tout le monde ne demandait qu'à s'en aller, c'est un sauve-qui-peut général : alors que fait notre homme? Il retourne auprès de madame Lambert qu'il a laissée dans l'antichambre, et, comme la brave femme ne cesse de crier qu'elle est ruinée, qu'elle est perdue, ce qui pouvait bien être de son cru, mais ce qui pouvait être aussi une scène arrangée avec l'autre, en présence de la société que cette servante arrête par ses clameurs : « Rassurez-vous, ma bonne, dit solennellement M. le rédacteur en chef de *l'Écho de la Bièvre*, le placement s'est fait d'accord avec vous, par conséquent, je ne vous dois rien ; mais il suffit que l'argent ait passé par mes mains pour que ma conscience me dise que j'en suis responsable : si ce n'est la liquidation du notaire, ce sera moi qui vous payerai. »

— Eh bien, dit Phellion, c'était mon avis il n'y a qu'un moment ; l'intermédiaire doit répondre. Je n'eusse pas hésité à faire ce qu'a fait M. de la Peyrade, et je ne crois pas que pour cette conduite on puisse le taxer de jésuitisme.

— Vous, vous l'eussiez fait, dit Minard, et moi aussi; mais nous ne l'eussions pas dit à grand orchestre, et nous eussions payé, nous, avec notre argent, en vrais gentilshommes. Mais ce courtier électoral, avec quoi payera-t-il? avec la dot?

A ce moment, le petit domestique entra et remit une lettre à Félix Phellion. Elle était du père Picot, écrite sous sa dictée par la main de madame Lambert; c'est pourquoi nous n'en reproduisons pas l'orthographe.

L'écriture de madame Lambert était de celles qui ne s'oublient pas une fois qu'elles vous ont passé sous les yeux. La reconnaissant aussitôt :

— C'est une lettre de monsieur le professeur, dit Félix.

Et avant de la décacheter :

— Vous permettez, ajouta-t-il, monsieur le maire?

— Il doit bien vous arranger, dit Minard; je n'ai jamais rien vu d'aussi comique que sa colère d'hier au soir.

Tout en lisant, Félix souriait. Quand il eut fini, il passa l'épître à son père :

— Vous pouvez lire haut, dit-il.

Alors, de sa voix solennelle :

« Mon cher Félix, commença le grand citoyen, je viens de recevoir ton billet; il est
arrivé fort à propos, car je t'en voulais ce qui
s'appelle beaucoup. Tu me dis qu'en te ren-
dant coupable de l'abus de confiance dont je
me proposais de m'expliquer un peu vertement
avec toi, tu as eu surtout une intention qui est
de donner un camouflet à ma famille en prou-
vant qu'un homme capable des calculs assez
compliqués qu'a nécessités ta découverte n'é-
tait ni un homme à interdire ni à affubler d'un
conseil judiciaire. Cet argument me plaît et il
répond assez bien à l'infâme procès pour que
je te loue d'en avoir eu l'idée. Mais tu me le
vends un peu cher, l'argument, en me faisant
compère et compagnon avec une étoile dont tu
sais fort bien que l'accointance ne pouvait pas
me convenir du tout. Ce n'est pas à mon âge et
quand on a résolu le grand problème du *mouvement perpétuel*, que l'on s'occupe de pareilles fariboles ; c'est bon pour des blancs-becs
et des débutants comme toi, et c'est ce que je
me suis permis d'aller dire ce matin à M. le

ministre de l'instruction publique, par lequel, du reste, j'ai été reçu avec la plus parfaite aménité.

« Je l'ai engagé à bien voir si, s'étant trompé d'adresse, il ne devait pas reprendre sa croix et sa pension, quoique je les eusse certainement méritées d'un autre côté.

« — Le gouvernement, m'a répondu le ministre, n'est pas dans l'habitude de se tromper ; ce qu'il fait est toujours bien fait, et on n'annule pas une ordonnance signée de la main de Sa Majesté ; de beaux travaux vous ont mérité les deux faveurs que le roi vous accorde, et c'est une dette déjà ancienne que je suis heureux d'acquitter en son nom.

« — Mais Félix, repris-je alors, car enfin, pour un jeune homme, ça n'est pas trop mal, cette découverte !

« — M. Félix Phellion, m'a répondu le ministre, recevra dans la journée sa nomination au grade de chevalier de la Légion d'honneur ; je ferai ce matin même signer l'ordonnance par le roi ; de plus, il y a en ce moment une place vacante à l'Académie des sciences, et si vous n'y prétendez pas...

« — Moi à l'Académie ! interrompis-je avec

la franchise de parole que tu me connais, je les exècre, les Académies, c'est des étouffoirs, des rassemblements de paresseux, des boutiques où il y a une grosse enseigne et rien à vendre.

« — Eh bien donc, a dit le ministre en souriant, je crois qu'à la première élection M. Félix Phellion a pour lui toutes les chances, et dans ce nombre je compte l'influence du gouvernement qui lui est d'avance acquise dans la proportion où elle reste loyale et légitime.

« Voilà, mon pauvre garçon, tout ce que j'ai pu faire pour te récompenser de ta bonne intention et te prouver que je ne t'en voulais pas. Je crois qu'en effet les parents vont avoir le nez un peu long. Viens causer de tout ceci aujourd'hui sur les quatre heures, car je ne dîne pas, moi, le lendemain, ainsi que je le vis faire hier dans une maison où j'eus l'occasion de parler de tes talents d'une manière assez avantageuse. Madame Lambert, qui est plus forte la casserole que la plume en main, se signalera, et, quoique ce soit vendredi, dont jamais elle ne me fait grâce, elle nous promet en maigre un dîner d'archevêque, avec la fine demi-bouteille de champagne, qu'au besoin l'on redoublera, pour arroser les rubans.

« Ton vieux professeur et ami,

« Picot, chevalier de la Légion d'honneur.

« *P. S.* Si tu pouvais obtenir de ta respectable mère qu'elle te confie un petit flacon de ce vieux et excellent cognac dont tu me fis part dans le temps, je n'en possède plus une goutte, et j'en bus hier de bon à laver les pieds des chevaux. Mais je ne le mâchai pas à la charmante Hébé qui me le versait. »

— Certes, oui, il en aura encore, dit madame Phellion, et non pas un flacon, mais un litre.

— Et moi, dit Minard, qui me pique aussi d'en avoir et de la pas trop piquée des vers, je lui en enverrai quelques bouteilles ; mais vous ne lui direz pas de quelle part, M. le chevalier, qui, je l'espère, voudrez bien me choisir pour parrain ; on ne sait jamais la manière dont ce singulier homme prendra les choses.

— Femme! dit tout à coup Phellion père, une cravate blanche et mon habit noir.

— Où veux-tu donc aller? dit madame Phellion; chez le ministre pour le remercier?

— Apporte, te dis-je, ces objets de toilette; j'ai une visite importante à faire, et M. le maire voudra bien m'excuser.

— Moi-même je m'en vais, répondit Minard, car j'ai à m'occuper d'une affaire relative à monsieur mon fils, qui, lui, n'a pas découvert une étoile.

Vainement questionné par Félix et par sa femme, Phellion acheva de s'habiller, mit une paire de gants blancs, envoya chercher une voiture, et, au bout d'un quart d'heure, il se faisait annoncer chez Brigitte, qu'il trouva présidant au rangement de la porcelaine et de l'argenterie de gala qui avaient fonctionné le jour précédent.

Quittant, pour recevoir son visiteur, ce détail de ménage :

— Eh bien, papa Phellion, dit la vieille fille quand ils eurent pris place, vous nous avez fait faux bond hier : du reste, vous avez eu le nez plus fin que les autres. Savez-vous le tour que nous a joué le notaire?

— Je sais tout, dit Phellion, et c'est même du répit donné par cet imprévu à l'exécution de vos projets que je prendrai texte pour l'importante conversation que j'ai désiré avoir avec vous. Parfois la Providence semble prendre plaisir à contrecarrer nos plans les mieux combinés ; parfois aussi, au moyen des obstacles qu'elle dresse sur notre route, elle semble vouloir nous indiquer que nous donnons à gauche et nous engager à mieux réfléchir.

— La Providence, la Providence ! dit Brigitte l'esprit fort, elle a autre chose à faire qu'à s'occuper de nous.

— C'est une opinion, répondit Phellion, mais moi je suis habitué à voir ses décrets dans les petites comme dans les grandes choses, et certainement, si elle eût permis hier que vos engagements vis-à-vis de M. de la Peyrade reçussent un commencement d'exécution, vous ne me verriez pas en ce moment chez vous.

— Alors, dit Brigitte, vous croyez que, faute d'un notaire, un mariage ne peut avoir lieu ? On dit pourtant que, faute d'un moine, l'abbaye ne chôme pas.

— Chère demoiselle, reprit le grand citoyen,

vous me rendrez cette justice que jamais, ni
ma femme ni moi, n'avons essayé d'influencer
vos résolutions ; nous avons laissé nos jeunes
gens s'aimer sans trop savoir où pourrait mener cet attachement...

— A leur mettre Martel en tête, interrompit
Brigitte : voilà à quoi sert l'amour, et pourquoi je m'en suis toujours privée.

— Ce que vous dites là, reprit Phellion, est
surtout vrai pour mon malheureux fils ; car,
malgré les nobles distractions qu'il a essayé
de donner à sa douleur, aujourd'hui il est
si misérablement vaincu par elle, que ce
matin, en dépit du beau succès qu'il vient
d'obtenir, il me parlait d'entreprendre un
voyage de circumnavigation autour du globe,
équipée qui l'aurait retenu au moins trois ans
absent, si même il avait échappé aux dangers
d'un voyage si prolongé.

— Eh bien, dit Brigitte, ce n'était peut-être
pas mal vu, il serait revenu consolé et ayant
découvert trois ou quatre autres étoiles.

— Celle-ci nous suffit, dit Phellion avec un
redoublement de sa gravité ordinaire, et c'est
au nom de ce résultat qui vient de placer son
nom à une si grande hauteur dans le monde

savant, que j'ai la fatuité d'oser vous dire à
brûle-pourpoint : « Je viens , mademoiselle,
vous demander pour mon fils, Félix Phellion,
qui l'aime et en est aimé, la main de mademoiselle Céleste Colleville. »

— Mais, petit père, répondit Brigitte, il est
trop tard ; pensez donc que nous sommes
diamétralement engagés avec la Peyrade.

— Il n'est jamais, comme on dit, trop tard
pour bien faire, et hier il eût été trop tôt pour
que j'osasse me présenter. Mon fils, ayant à
compenser la différence des fortunes, n'aurait
pas eu à vous répondre : Si Céleste, par votre
générosité, a une dot à laquelle la mienne est
loin d'équivaloir, j'ai l'honneur d'être membre
de l'ordre royal de la Légion d'honneur, et
dans peu , selon toute apparence , je serai
membre de l'Académie royale des Sciences,
l'une des cinq classes de l'Institut.

— Certainement, dit Brigitte, Félix devient
un très-joli parti, mais nous avons promis à
la Peyrade ; lui et Céleste sont affichés à la
mairie ; sans une circonstance extraordinaire
le contrat serait passé ; il s'occupe de l'élection de Thuillier qu'il a déjà mise en très-bon
train, nous avons des capitaux engagés avec

lui dans une affaire de journal, il est donc
impossible, quand nous le voudrions, de nous
dépêtrer de notre promesse.

— Ainsi, dit Phellion, dans une de ces
rares circonstances où la raison et l'inclina-
tion se trouvent réunies, vous croyez devoir
donner entièrement le pas à la question des
intérêts? Céleste, nous le savons, n'a aucun
entraînement pour M. de la Peyrade. Élevée
avec Félix...

— Élevée avec Félix, interrompit Brigitte,
elle a pu choisir à une époque entre M. de la
Peyrade et monsieur votre fils, car voilà
comme nous la violentons, et elle n'a pas
voulu de M. Félix dont l'athéisme est bien
connu.

— Vous vous trompez, mademoiselle, mon
fils n'est pas athée, car Voltaire lui-même
doutait qu'il y eût eu des athées, et pas plus
tard qu'hier, dans cette maison, un ecclésias-
tique aussi recommandable par ses talents que
par ses vertus, faisant de Félix un magnifique
éloge, manifestait le désir d'entrer avec lui en
relation.

— Parbleu! pour le convertir, dit Brigitte,
mais pour l'affaire du mariage, je suis fâchée

de vous le dire, ce sera de la moutarde après dîner ; jamais Thuillier ne renoncera à son la Peyrade.

— Mademoiselle, dit Phellion en se levant, je n'éprouve aucune espèce d'humiliation de la démarche inutile que je viens de faire, je ne vous en demande pas même le secret, car je serai le premier à en parler à toutes nos connaissances et amis.

— Parlez-en, mon brave homme, à qui vous voudrez ! répondit Brigitte avec amertume. Voilà-t-il pas, parce que monsieur votre fils a découvert une étoile, si encore c'est bien lui qui l'a découverte, et non pas ce vieux que le gouvernement en a récompensé, il faudra qu'on lui fasse épouser une des filles du roi des Français ?

— Brisons là, dit Phellion, je pourrais vous répondre que sans déprécier les Thuillier, les d'Orléans me paraissent d'une illustration un peu supérieure. Mais je n'aime pas à introduire l'aigreur dans la conversation, et en vous priant de recevoir l'assurance de mes humbles respects, je me retire.

Cela dit, il sortit majestueusement, et sous le coup de sa comparaison décochée *in extre-*

mis, à la manière des Parthes, laissa Brigitte d'une humeur d'autant plus massacrante que déjà, la veille au soir, madame Thuillier, après que tous les invités se furent retirés, avait eu l'incroyable audace de dire quelque chose en faveur de Félix. Il va sans dire que l'ilote avait été rudement rabrouée, et qu'on l'avait engagée à se mêler de ce qui la regardait. Mais cette tentative de volonté dans sa belle-sœur avait déjà très-mal disposé la vieille fille, et Phellion, venant reprendre le même sujet, ne pouvait que vivement l'exaspérer. Joséphine la cuisinière et le domestique mâle eurent le contre-coup de la scène qui venait de finir ; Brigitte trouva qu'en son absence tout avait été rangé de travers, et mettant elle-même la *main à la pâte*, au risque de se rompre le cou, elle se guinda sur une chaise, afin de pouvoir atteindre aux rayons les plus élevés de l'armoire où sa porcelaine des grands jours était soigneusement conservée sous clef.

XIX

LA JOURNÉE ORAGEUSE.

———

Cette journée, qui pour Brigitte commençait si mal, fut sans contredit l'une des plus pleines et l'une des plus orageuses de ce récit.

Pour en être l'historien exact, nous devons la reprendre à six heures du matin, où nous verrons madame Thuillier allant à la Madeleine entendre la messe que l'abbé Gondrin était dans l'habitude de dire à cette heure, et ensuite s'approchant de la sainte table, viatique que ne manquent jamais de se donner les âmes

pieuses quand elles ont à accomplir quelque
grande résolution.

A huit heures nous verrons Minard père
arrivant chez le jeune vicaire, ainsi qu'il en
avait reçu la permission la veille, et venant
déposer dans le sein de l'habile et conciliant
casuiste ses chagrins paternels.

L'abbé Gondrin lui reprocha doucement
d'avoir donné à son fils un de ces états où,
habillée d'un titre qui fait l'illusion d'une vie
laborieuse, l'oisiveté peut entraîner à toutes
les folies : les avocats sans cause et les médecins sans malades, quand ils n'ont pas le sou,
sont la pépinière où se recrute l'esprit de révolution et de désordre ; quand ils sont riches,
au contraire, ils font comme la jeune aristo-
cratie qui, de tous ses priviléges perdus
n'ayant gardé que le *droit au far niente*, donne
à l'élève des chevaux de course et des femmes
de théâtre presque tous les loisirs de son
existence inutile et inoccupée.

Dans le cas particulier, les partis violents
vers lesquels paraissait pencher M. le maire
du onzième arrondissement étaient de vraies
chimères. Il n'y a plus de Saint-Lazare à
l'usage de la jeunesse dérangée, et l'on ne

faisait plus la presse des Manons Lescauts pour l'Amérique. L'abbé Gondrin fut donc d'avis que Minard père tâchât de tout arranger par un sacrifice : il fallait doter et marier la sirène : la morale trouverait là deux fois son compte. Quant à se charger de ménager cette solution, le jeune vicaire n'y montra aucun empressement : il était trop jeune pour cette espèce de diplomatie où le scandale peut si facilement se glisser à côté de la pensée du bien. Puisque la jeune fille avait une mère, Minard pouvait voir cette femme et entamer avec elle la négociation.

Sur le midi, l'abbé Gondrin eut la visite de madame Thuillier et de Céleste. La pauvre enfant voulait un peu de développement aux paroles par lesquelles la veille, dans le salon de Brigitte, la bouche éloquente du prêtre avait cautionné le salut de Félix Phellion. Il paraissait bien étrange à la jeune théologienne que, sans avoir jamais pratiqué, on pût être reçu en grâce par la justice divine, car enfin l'anathème est formel : Hors de l'Église point de salut.

— Ma chère enfant, dit l'abbé Gondrin, comprenez mieux cette parole qui semble

inexorable : c'est plutôt une parole de glorification pour ceux qui ont le bonheur de vivre
dans le giron de notre sainte mère l'Église,
qu'une malédiction contre ceux qui ont le
malheur d'en être séparés. Dieu voit le fond
des cœurs et il distingue ses élus ; et si grand
est le trésor de sa bonté, qu'à personne il n'a
été donné d'en mesurer les richesses et la
munificence. Qui donc oserait dire à Dieu, à
cet Infini : Tu seras jusque-là généreux et
magnifique ! Jésus-Christ a pardonné à la
femme adultère, et, sur l'instrument du sup-
plice, il a promis le ciel au bon larron, pour
nous prouver qu'il sera fait, non selon les jugements humains, mais selon sa sagesse et sa
miséricorde. Tel qui se croit chrétien, à ses
yeux, n'en est pas moins idolâtre ; et tel autre
est tenu pour païen qui, par ses sentiments et
ses actions, est chrétien à son insu. Notre
sainte religion a cela de divin que toute générosité, toute grandeur, tout héroïsme, ne sont
que la pratique de ses préceptes. Je le disais
hier à M. de la Peyrade, les âmes pures,
dans un temps donné, sont sa conquête inévitable ; il ne s'agit que de leur faire crédit,
c'est une confiance qui place à gros intérêts,

et d'ailleurs la charité nous la commande.

— O mon Dieu! s'écria Céleste, avoir su
cela si tard, moi qui, pouvant choisir entre
M. Félix Phellion et M. de la Peyrade, n'ai
pas osé suivre l'idée de mon cœur. M. l'abbé,
ne pourriez-vous pas parler à ma mère, votre
parole est si écoutée !

— C'est impossible, mon enfant, répondit
le vicaire ; si j'avais la direction de la conscience de madame Colleville, j'essayerais peut-
être, mais nous sommes si souvent accusés de
nous immiscer imprudemment dans les intérêts des familles ! Soyez sûre que mon intervention ici sans autorité et sans caractère nui-
rait plus qu'elle ne servirait. C'est à vous et à
ceux qui vous aiment, ajouta-t-il en jetant un
regard sur madame Thuillier, de voir si des
dispositions, du reste bien avancées, ne peuvent pas être modifiées dans le sens de vos
désirs.

Il était écrit que la pauvre enfant boirait
jusqu'à la lie le calice qu'elle-même s'était pré-
paré par son intolérance ; comme l'abbé finis-
sait sa phrase, sa vieille gouvernante vint lui
demander s'il pouvait recevoir M. Félix Phellion. Ainsi, comme la charte de 1830, le men-

songe officieux de madame de Godollo devenait
une vérité.

— Passez par là, dit vivement le vicaire en
conduisant ses deux pénitentes par un corri-
dor de dégagement.

La vie a de si étranges rencontres que par
moment le même procédé peut être à l'usage
de la courtisane et de l'homme de Dieu.

— M. l'abbé, dit Félix au jeune vicaire
aussitôt qu'ils se trouvèrent en présence, j'ai
su la façon bienveillante dont hier au soir vous
avez bien voulu parler de moi dans le salon de
M. Thuillier, et j'aurais eu hâte de venir vous
exprimer ma gratitude quand un autre intérêt
ne m'amènerait pas à vous.

L'abbé Gondrin passa rapidement sur les
compliments, afin de savoir à quoi il pourrait
être utile.

— Dans une pensée que je veux croire cha-
ritable, répondit le jeune savant, on vous a
parlé hier de l'état de mon âme. Ceux qui y
lisent si couramment sont mieux que moi au
fait de mon for intérieur ; car depuis quelques
jours je me sens animé de mouvements inex-
pliqués et inconnus. Jamais je n'avais douté de
Dieu, mais au contact de cet infini où il a

permis que ma pensée allât suivre la trace
d'un de ses ouvrages, il semble que j'aie re-
cueilli de lui une notion moins confuse et plus
immédiate, et je me demande si une vie droite
et honnête est le seul hommage que sa toute-
puissance doive attendre de moi. Néanmoins,
des objections sans nombre s'élèvent dans
mon esprit contre le culte dont vous êtes le
ministre, et, tout en étant sensible à la beauté
de sa forme extérieure, à l'endroit de beaucoup de ses prescriptions et de ses pratiques,
je me trouve inquiété par ma raison. J'aurai
payé chèrement, peut-être du bonheur de
toute ma vie, la tiédeur et le retard que j'ai
mis à chercher la solution de ces doutes. J'ai
décidé d'en voir le fond. Personne mieux que
vous, M. l'abbé, n'est en mesure de me les
résoudre. Je viens donc avec confiance vous
les soumettre, vous prier de m'écouter, de me
répondre, de me dire par quelles lectures, au
delà des heures que vous voudrez bien consacrer à quelques entretiens, je pourrai continuer
la recherche de la lumière. C'est une âme cruellement affligée qui s'adresse à vous. N'est-ce
pas là une bonne préparation pour recevoir la
semence de votre parole?

L'abbé Gondrin protesta de la joie avec laquelle, nonobstant son insuffisance, il entre-
prendrait de répondre aux scrupules de conscience du jeune savant, et, après lui avoir
demandé une place dans son amitié, il l'engagea à lire, avant toute chose, les *Pensées de
Pascal*. Une affinité naturelle devait, par le
côté de la géométrie, se rencontrer entre l'esprit de Pascal et celui du jeune mathématicien.

Pendant que se passait cette scène, à laquelle la hauteur des intérêts en question et
l'élévation morale et intellectuelle des person-
nages communiquaient un caractère de grandeur qui, comme tous les aspects reposés et
calmes, est plus facile à comprendre qu'à re-
produire, l'aigre discorde, la maladie chronique
des ménages bourgeois, où la petitesse des
esprits et des passions lui laisse toujours un
si grand accès, était venue s'abattre sur la
maison Thuillier.

Montée sur sa chaise, les cheveux en désordre, et les mains et le visage poudreux, Brigitte, le plumeau à la main, époussetait une
des planches de l'armoire où elle était occupée à replacer sa bibliothèque d'assiettes, de

plats et de saucières, lorsqu'elle fut abordée
par Flavie.

— Brigitte, dit celle-ci, quand vous aurez
fini, vous ferez bien de passer chez nous, ou
bien je vous enverrai Céleste : elle m'a l'air
disposée à nous faire des farces.

— Comment cela? dit Brigitte sans se dé-
ranger de son nettoyage.

— Oui, je crois qu'elle et madame Thuillier
ont été ce matin chez l'abbé Gondrin, et la
voilà qui vient de me donner une atteinte sur
Félix Phellion, dont elle parle comme d'un
dieu; de là à refuser la Peyrade, vous comprenez qu'il n'y a qu'un pas.

— Ces sacrés calotins! dit Brigitte, il faut
que ça se mêle de tout! Je ne voulais pas l'in-
viter, aussi ; c'est vous qui avez insisté.

— Mais, dit Flavie, c'était convenable.

— Je me moque bien des convenances,
repartit la vieille fille. Un faiseur de phrases
qui n'a dit que des choses déplacées. Envoyez-
moi Céleste, je vais l'arranger, moi.

A ce moment on vint annoncer à Brigitte la
visite du premier clerc de la nouvelle étude où,
à défaut du notaire Dupuis, devait se passer le
contrat.

Sans se soucier du désordre de sa toilette, Brigitte ordonna qu'on fit entrer l'apprenti tabellion, mais pourtant elle lui fit la concession de ne pas lui parler du haut du perchoir sur lequel elle était juchée.

— M. Thuillier, lui dit le premier clerc, est passé ce matin à l'étude pour expliquer au patron les clauses du contrat dont il a bien voulu le charger; mais, avant d'écrire les stipulations en faveur de mariage, nous sommes dans l'usage de recueillir de la bouche même des donataires l'expression directe de leurs intentions bienveillantes. Ainsi, M. Thuillier nous a dit qu'il donnait en nue propriété, à la future, l'immeuble dans lequel il habite, et qui est sans doute celui-ci.

— Oui, dit Brigitte, ce sont là les conditions. Moi, je donne trois mille francs de rentes trois pour cent en toute propriété; mais la future est mariée sous le régime dotal.

— C'est bien cela, dit le clerc en consultant ses notes; mademoiselle Brigitte Thuillier, trois mille francs de rente; maintenant, il y a madame Céleste Thuillier, femme de Louis-Jérôme Thuillier, qui donne également en trois pour cent six mille francs de rente

en toute propriété et six mille francs en usu-
fruit.

— Ça, dit Brigitte, c'est comme si le notaire
y avait passé, mais, puisque c'est vos usages,
si vous voulez entrer chez ma sœur, on va
vous conduire.

Et la vieille fille ordonna au domestique
de mener M. le clerc chez madame Thuillier.

Un instant après, le premier clerc reparais-
sant annonçait qu'il devait y avoir un malentendu, et que madame Thuillier déclarait ne
faire en faveur du mariage aucune espèce de
stipulation.

— C'est un peu fort ! dit Brigitte ; venez avec
moi, monsieur.

Et, comme un ouragan, elle pénétra dans la
chambre de madame Thuillier. Celle-ci était
pâle et tremblante.

— Qu'est-ce que vous venez de dire à monsieur, que vous ne donniez rien pour la dot
de Céleste !

— Oui, dit l'ilote se déclarant en insurrec-
tion, mais d'une voix mal assurée, mon intention est de ne rien faire.

— Mais vos intentions, dit Brigitte rouge
de colère, sont tout à fait nouvelles.

— Ce sont mes intentions, se contenta de répondre la révoltée.

— Au moins vous nous direz la raison pourquoi?

— Le mariage ne me convient pas.

— Ah! et depuis quand?

— Il est inutile, fit remarquer madame Thuillier, que monsieur assiste à nos explications ; elles ne seront pas écrites au contrat.

— Vous faites bien d'avoir honte, dit Brigitte, car le jour sous lequel vous vous montrez est assez peu flatteur... Monsieur, continua-t-elle en s'adressant au clerc, il est plus facile de couper dans le contrat que d'y ajouter?

Le clerc fit un signe affirmatif.

— Mettez toujours ce qui avait été dit ; si madame persiste, on en sera quitte pour biffer et parafer les mots nuls.

Le clerc salua et sortit.

Quand les deux belles-sœurs furent seules en présence :

— Ah çà! perdez-vous la tête? demanda Brigitte : qu'est-ce que c'est que cette lubie qui vient de vous passer?

— Ce n'est pas une lubie, c'est une idée très-arrêtée.

— Dont vous avez été faire emplette auprès de votre abbé Gondrin : osez dire que vous n'en sortez pas avec Céleste?

— Céleste, en effet, et moi, avons vu ce matin notre directeur, mais je ne lui ai pas ouvert la bouche de ce que j'entendais faire.

— Comme ça, c'est dans votre petite tête creuse qu'a germé l'idée de cette peurade?

— Oui, ainsi que je vous l'ai dit hier, je pense que Céleste peut être mariée plus convenablement, et mon intention n'est pas de me dépouiller en faveur d'un mariage que je n'approuve pas.

— Que vous n'approuvez pas? voyez-vous, il faudra prendre les conseils de madame!

— Je sais bien, dit madame Thuillier, que je n'ai jamais rien été dans la maison. Pour mon compte, il y a déjà longtemps que j'en ai pris mon parti, mais quand il s'agit du bonheur d'un enfant que je regarde comme le mien.....

— Parbleu! s'écria Brigitte, vous n'avez jamais su en avoir, car, certainement, Thuillier,

— Ma sœur, dit madame Thuillier avec dignité, j'ai communié ce matin, et il est des choses qu'aujourd'hui je ne saurais entendre.

— Voilà bien nos mangeuses de bon Dieu ! s'écria Brigitte, faisant les saintes nitouches et mettant le trouble dans les ménages ; et vous croyez que ça se passera comme ça ? Thuillier va rentrer tout à l'heure : c'est lui qui vous houspillera.

En appelant l'autorité conjugale au secours de la sienne, Brigitte se montrait faible et surprise devant l'atteinte si profonde et si imprévue qui venait d'être portée à sa domination immémoriale. Cette parole calme, mais qui de moment en moment devenait plus résolue, la démontait tout à fait ; elle n'eut plus que la ressource des injures.

— Une lendore ! s'écria-t-elle, une propre à rien qui n'est pas seulement capable de ramasser son mouchoir, ça veut être la maîtresse de la maison !

— Je veux si peu être la maîtresse ici, qu'hier au soir je me suis laissé imposer silence après deux mots seulement que j'avais essayés ; mais je suis maîtresse de mon bien, et comme je crois que Céleste sera un jour

très-malheureuse, je le garde pour en disposer
en temps et lieu.

— Bonne chienne, va! dit Brigitte avec ironie, son bien !

— Mais oui, celui que j'ai eu de mon père
et de ma mère, et que j'ai apporté en dot à
M. Thuillier.

— Et qui est-ce qui l'a fait valoir, cet argent,
jusqu'à lui faire rapporter douze mille livres
de rente?

— Jamais je ne vous ai demandé compte de
rien, repartit madame Thuillier avec douceur;
s'il eût été perdu dans les usages auxquels
vous le faisiez servir, vous n'auriez pas eu de
moi une plainte ; il a profité, il est juste que
je recueille les bénéfices. D'ailleurs, ce n'est
pas pour moi que je le réserve.

— Peut-être : car au régime que vous prenez, il n'est pas sûr que nous passions longtemps par la même porte.

— Vous croyez que M. Thuillier me chasse-
rait? Il faut des raisons, et, Dieu merci! j'ai
été une femme à laquelle il n'a jamais rien eu
à reprocher.

— Vipère, hypocrite, sans cœur! s'écria
Brigitte à bout de ses arguments.

— Ma sœur, dit madame Thuillier, vous
êtes chez moi.

— Va donc, emplâtre ! s'écria la vieille
fille arrivée au dernier paroxysme de la colère :
tiens, si je ne me retenais !

Et elle fit un geste qui était une insulte et
une menace.

Madame Thuillier se leva pour sortir.

— Non, tu ne sortiras pas, s'écria Brigitte
en la forçant à se rasseoir, et jusqu'à ce que
Thuillier ait décidé tu resteras enfermée ici !

Au moment où Brigitte, la figure en feu,
reparut dans la pièce où elle avait laissé madame Colleville, elle y trouva son frère dont
elle avait annoncé la venue prochaine. Thuillier était radieux.

— Ma chère, dit-il à la mégère sans remarquer son émoi, tout va au mieux ; la conspi-
ration du silence a cessé ; deux journaux,
le National et un journal carliste, reprodui-
sent ce matin un de nos articles, et il y a une
petite attaque dans une feuille ministérielle.

— Eh bien, tout ne va pas au mieux ici,
répondit Brigitte, et si ça continue je quitterai
la baraque.

— A qui en as-tu donc? demanda Thuillier.

— A ton insolente de femme, qui vient de me faire une scène; j'en suis encore toute tremblante.

— Céleste, dit Thuillier, faire une scène; mais ce serait pour la première fois de sa vie.

— Il y a commencement à tout, et si tu n'y mets ordre...

— Mais à propos de quoi cette scène?

— A propos de ce que madame ne veut pas de la Peyrade pour sa filleule, et par dépit de ne pouvoir empêcher ce mariage, elle déclare ne vouloir rien donner au contrat.

— Allons! calme-toi, dit Thuillier sans s'émouvoir — l'admission de *l'Écho* dans la polémique en faisait un autre Pangloss, — je vais arranger tout cela.

— Vous, Flavie, dit Brigitte pendant que Thuillier se rendait auprès de sa femme, vous allez me faire le plaisir de descendre chez vous et de dire à mademoiselle Céleste, que je ne veux pas voir en ce moment, parce que, si elle me répondait de travers, je serais capable de la souffleter; vous allez lui dire que je n'aime pas les conspirations, qu'on l'a laissée libre de choisir M. Phellion fils, qu'elle n'en a pas voulu, que tout a été arrangé là-dessus, et

que, si elle ne veut pas se voir réduite à la dot
que vous êtes en état de lui donner, et qu'un
garçon de la banque n'aurait pas de peine à
porter dans le gousset de son gilet...

— Mais, ma chère Brigitte, interrompit Flavie en se redressant sous cette impertinence,
vous pourriez vous dispenser de nous rappe-
ler aussi durement notre pauvreté, car, après
tout, nous ne vous avons jamais rien demandé, nous payons exactement notre loyer,
et, sans aller si loin, M. Félix Phellion prendrait bien Céleste avec la dot qu'un garçon de
la banque porterait dans son *sac*.

Et elle souligna ce dernier mot par l'accent
dont elle le prononça.

— Ah! vous vous en mêlez aussi! s'écria
Brigitte : eh bien, allez le chercher, votre
Félix ; je sais bien, petite mère, que ce mariage
ne vous a jamais trop convenu, c'est désagréable de n'être plus que la belle-mère de
son gendre.

Flavie avait repris le sang-froid qui l'avait
un instant quittée, et, sans répondre à l'insi-
nuation, elle se contenta de hausser les épaules.

A ce moment Thuillier reparut ; son air de
béatitude l'avait abandonné.

— Ma chère Brigitte, dit-il à sa sœur, tu es bien le cœur le plus excellent ; mais, par intervalle aussi, tu es d'une violence !...

— Tiens ! s'écria la vieille fille, je m'en vais aussi avoir à répondre de ce côté.

— Certainement, je ne te reproche rien dans le fond, et je viens de tancer Céleste d'importance ; mais il y a des formes qu'il faut savoir garder.

— Qu'est-ce que tu me chantes avec tes formes ? où sont-elles donc, ces formes auxquelles j'aurais manqué ?

— Ah ! ma chère amie, lever la main sur sa sœur !

— Moi, j'ai levé la main sur cette pécore ? Ah bien ! en voilà une bonne !

— Et puis, continua Thuillier, on ne met pas en prison une femme de l'âge de Céleste.

— Votre femme, je l'ai mise en prison !

— Tu ne diras pas non, j'ai trouvé la porte de sa chambre fermée à double tour.

— Parbleu ! parce que dans ma colère des infamies qu'elle vomissait contre moi, j'aurai tourné la clef sans le vouloir.

— Allons ! allons ! dit Thuillier, ce ne sont pas des procédés pour des gens de notre classe.

— Ainsi, c'est moi maintenant qui ai eu tort. Eh bien ! mon petit, tu te souviendras du jour d'aujourd'hui, et nous verrons comment ira ton ménage quand je ne m'en mêlerai plus.

— Tu t'en mêleras toujours, dit Thuillier, c'est ta vie que le ménage, tu serais la première attrapée.

— C'est ce que nous verrons, dit Brigitte ; après vingt ans de dévouement être traitée comme la dernière des dernières !

Et, s'élançant vers la porte qu'elle ferma sur elle avec violence, la vieille fille quitta l'appartement.

Thuillier ne s'émut pas autrement de cette sortie.

— Est-ce que vous étiez là, Flavie ? dit-il, quand a eu lieu la scène ?

— Non, cela se passait dans la chambre de Céleste, elle l'a donc un peu rudoyée ?

— Ce que j'ai dit : lever la main sur elle et la mettre en pénitence comme une petite fille. Céleste a beau être une femme un peu endormie, il y a des bornes qu'on ne doit pas passer.

— Elle n'est pas toujours commode, dit Flavie, cette bonne Brigitte ; nous venons aussi, tout à l'heure, d'avoir une petite castille.

— Enfin, dit Thuillier, tout ça s'apaisera. Je vous disais donc, ma chère Flavie, que nous avions eu ce matin le plus beau succès : *le National* répète en entier deux paragraphes d'un article où il y a justement plusieurs phrases de moi.

Thuillier fut encore interrompu dans le récit de sa bonne fortune politique et littéraire.

— Monsieur, dit en entrant Joséphine la cuisinière, peut-il me dire où est la clef de la grande malle?

— Pourquoi faire? demanda Thuillier.

— Pour mademoiselle, qui m'a dit de la porter dans sa chambre.

— Qu'est-ce qu'elle en a besoin?

— Mademoiselle va sans doute faire un voyage, tout son linge est déjà sorti de la commode, et elle est en train de plier ses robes comme quand on veut les emballer.

— Une autre folie maintenant, dit Thuillier. Allez donc voir, Flavie, quel est le coup de tête qu'elle médite.

— Ma foi! non, dit madame Colleville, allez-y vous-même : dans son état d'exaspération, elle est capable de me battre.

— Aussi ma stupide femme, s'écria Thuil-
er, avait bien besoin de lever ce lièvre du
ontrat! Il faut véritablement qu'elle ait dit
es choses bien piquantes pour que Brigitte
oit ainsi sortie de ses gonds.

— Monsieur ne me dit pas toujours où est
la clef, fit Joséphine en insistant.

— Je n'en sais rien! répondit Thuillier avec
umeur; cherchez-la ou bien dites-lui qu'elle
st perdue.

— Ah! oui, dit Joséphine, c'est moi qui me
harge de lui dire ça.

A ce moment retentit la sonnette de la porte
xtérieure.

— C'est sans doute la Peyrade, dit Thuil-
ier avec satisfaction.

Le Provençal, en effet, parut un moment
près.

— Ma foi! mon ami, dit Thuillier, il était
emps que tu arrivasses, car la maison, à
ause de toi, est en révolution, et il faut qu'a-
ec ta parole dorée tu tâches de nous ramener
e calme et la paix.

Et il raconta à l'avocat la cause et les cir-
onstances de la guerre civile qui venait d'é-
later.

S'adressant alors à madame Colleville :

— Aux termes où nous en sommes, dit Théodose, je puis, je pense, sans inconvenance, demander à avoir avec mademoiselle Céleste un entretien de quelques instants?

Là encore le Provençal faisait montre de son habileté accoutumée : il comprenait que, dans la mission de pacification qu'on lui donnait, Céleste Colleville était le nœud de la situation.

— Je vais l'envoyer chercher, dit Flavie, et nous vous laisserons seul avec elle.

— Mon cher Thuillier, dit la Peyrade, vous allez sans violence et en quelques mots mettre mademoiselle Céleste en demeure de donner son consentement, de manière à lui faire croire que c'est dans ce but que vous l'avez appelée. Après cela, je vous congédierai et je me charge du reste.

Le domestique fut envoyé à l'entre-sol chez madame Colleville avec ordre de dire à Céleste que son parrain voulait lui parler.

XX

SUITE DE LA JOURNÉE ORAGEUSE.

———

Une espèce d'office où, au milieu du tracas ménager de Brigitte, avait commencé la situation qui suit son cours, n'était pas un lieu convenable pour l'entretien demandé par la Peyrade : on passa donc au salon en attendant Céleste ; aussitôt qu'elle parut, pour se conformer au programme qui venait d'être arrêté :

— Mon enfant, lui dit Thuillier, ta mère nous apprend des choses qui m'étonnent : serait-il vrai, quand ton contrat aurait dû être signé hier, que tu ne sois pas encore décidée au mariage que nous avons arrangé pour toi?

— Mon parrain, répondit Céleste, un peu surprise de la brusquerie de l'interpellation, il ne me semble pas que j'aie dit cela à maman.

— Est-ce que tantôt, dit Flavie, vous ne me faisiez pas l'éloge le plus exalté de M. Félix Phellion?

— J'ai parlé de M. Phellion comme tout le monde en parle.

— Voyons! dit Thuillier avec autorité, il ne s'agit pas d'équivoquer : refuses-tu, oui ou non, d'épouser M. de la Peyrade?

— Bon ami, dit le Provençal en intervenant, tu as une manière brusque et carrée de poser les questions, qui, moi présent surtout, ne me paraît pas très à sa place : en ma qualité de principal intéressé, veux-tu me permettre d'avoir avec mademoiselle une explication qui, en effet, peut être devenue nécessaire? Cette grâce ne me sera pas refusée par madame Colleville; dans la position qui est la mienne, ma prétention, je pense, n'a rien qui doive inquiéter sa prudence maternelle.

— Je me prêterais volontiers à votre désir, répondit Flavie, si je n'avais peur que toutes ces façons n'aient l'air de remettre en question ce qui est irrévocablement décidé.

— Moi, chère madame, au contraire, j'ai le plus grand désir que jusqu'au dernier moment mademoiselle Céleste reste en possession de sa liberté tout entière. Veuillez donc, comme nous disons au palais, appointer ma requête.

— Soit! dit madame Colleville, vous vous croyez bien habile, mais si vous vous laissez entortiller par cette petite fille, tant pis pour vous! Venez-vous, Thuillier, ajouta-t-elle, puisque nous sommes de trop ici?

Aussitôt que les deux prétendus furent seuls :

— Mademoiselle, dit la Peyrade en approchant un fauteuil pour Céleste et en prenant pour lui-même un siége, vous me rendrez, j'ose le croire, cette justice que, jusqu'à ce jour, je ne vous ai pas fatiguée de l'expression de mes sentiments. Je connaissais votre entraînement de cœur et en même temps les répulsions de votre conscience; j'espérais à la longue, en me faisant bien petit, finir par passer entre ces deux courants contraires, mais, au point où nous en sommes, je ne crois être ni indiscret ni impatient en vous suppliant de me faire connaître le parti auquel vous vous êtes arrêtée.

— Mon Dieu ! monsieur, répondit Céleste, puisque vous y mettez tant de bonté et de franchise, je vous dirai, ce que vous savez déjà, qu'élevée avec M. Félix Phellion, le connaissant depuis bien plus longtemps que vous, l'idée du mariage, toujours si inquiétante pour une jeune fille, m'effrayait moins de son côté que de tout autre.

— A une époque pourtant, fit remarquer Théodose, vous fûtes autorisée à arrêter sur lui votre choix.

— Sans doute, mais dans ce temps-là il y avait entre nous la difficulté des idées religieuses.

— Et aujourd'hui cette difficulté a disparu ?

—- A peu près, dit Céleste; je suis dans l'usage de subordonner mon opinion à celle des personnes plus instruites et plus éclairées que moi, et vous-même, monsieur, avez entendu hier la manière dont s'est exprimé M. l'abbé Gondrin.

— A Dieu ne plaise, repartit le Provençal, que je me permette d'infirmer l'arrêt d'un juge si éminent! Cependant, j'oserai vous faire remarquer que, parmi MM. les membres du clergé, il y a des nuances : quelques-uns passent pour trop sévères, quelques autres pour trop indulgents. M. l'abbé Gondrin est plutôt un prédicateur qu'un casuiste...

— Mais M. Félix, dit vivement Céleste, paraît bien vouloir donner raison aux espérances de M. le vicaire, car je sais que ce matin il s'est présenté chez lui.

— Alors, dit la Peyrade avec une pointe d'ironie, il serait décidément allé voir le père Anselme? Mais, en admettant que, du côté des principes religieux, M. Phellion soit prochainement en mesure de vous donner toute espèce de satisfaction, avez-vous pensé, mademoiselle, au grand événement qui venait de s'accomplir dans sa vie?

— Sans doute, et ce n'est pas là, il me semble, une raison de lui vouloir plus de mal.

— Non, mais c'est une raison pour que lui-même il se veuille plus de bien. A cette modestie, à cette humilité qui était l'un des plus grands charmes de son caractère, j'ai peur pour vous qu'il ne substitue une confiance, une satisfaction intime qui, en développant chez lui beaucoup de personnalité, pourrait arriver à altérer et à tarir la source des sentiments affectueux ; et puis, vous ne pouvez guère vous le dissimuler, mademoiselle, qui a découvert un monde veut en découvrir deux : vous voyez-vous en rivalité avec tout le firmament ?

— Vous plaidez votre cause avec beaucoup d'esprit, dit Céleste en souriant, et, comme avocat, je vous crois un mari aussi inquiétant que M. Phellion comme astronome.

— Mademoiselle, reprit le Provençal, pour parler plus sérieusement, je vous crois le cœur admirablement bien placé et capable des plus grandes délicatesses : eh bien, savez-vous ce qui arrive à M. Phellion ? il n'a rien perdu à son dévouement pour son vieux professeur ; sa pieuse fraude est aujourd'hui connue ; sa découverte lui est restituée, et si j'en crois M. Minard, que j'ai rencontré il n'y a qu'un moment, il va être nommé immédiatement chevalier de la Légion d'honneur et très-prochainement membre de l'Académie des sciences. Moi, si j'étais femme, je serais fâché, je vous

l'avoue, qu'au moment précis où je voudrais
recevoir un homme en grâce, une pareille ava-
lanche de bonheur vint fondre tout à coup sur
lui ; j'aurais peur que le public ne m'accusât
de pratiquer le culte du soleil levant.

— Oh ! monsieur ! dit vivement Céleste,
vous ne me croyez pas capable d'une pareille
bassesse de sentiments.

— Moi, non, dit le Provençal, j'affirmais
tout à l'heure précisément le contraire : mais
le monde est si téméraire, si injuste, et en
même temps si entier dans ses jugements !

Voyant qu'il avait jeté de l'inquiétude dans
l'esprit de la jeune fille, qui ne répondit rien :

— Maintenant, continua la Peyrade, pour
vous parler d'un côté beaucoup plus grave de
votre situation, de quelque chose qui n'est
plus un fait purement personnel, se passant, si
l'on peut ainsi parler, entre vous et vous, savez-vous qu'en ce moment, dans cette maison,
sans le vouloir, vous êtes la cause des scènes
les plus désolantes et les plus regrettables?

— Moi ! monsieur, dit Céleste avec une surprise mêlée d'effroi.

— Oui, de votre marraine, par l'extrême
affection qu'elle vous porte, vous avez fait une

femme toute nouvelle. Pour la première fois
de sa vie, elle a une pensée à elle. Voulant
avec cette énergie de volonté qui s'explique
quand on n'en a jamais beaucoup dépensé, elle
déclare qu'elle n'interviendra à votre contrat
pour aucune espèce de libéralité, et je n'ai pas
besoin de vous dire à quelle adresse va cette
rigueur inattendue.

— Mais, monsieur, je vous supplie de croire
que je suis tout à fait étrangère à cette idée de
ma marraine.

— Je le sais de reste, dit la Peyrade, et ce
ne serait là d'ailleurs qu'un petit malheur, si
mademoiselle Brigitte n'avait pris pour une
insulte cette attitude de sa belle-sœur, qu'elle
avait toujours trouvée souple et facile à ses
impulsions. Des explications fâcheuses jusqu'à
la violence ont eu lieu. Placé entre le marteau
et l'enclume, Thuillier n'a rien pu empêcher;
sans le vouloir, au contraire, il a plutôt enve-
nimé les choses, et elles sont arrivées à ce
point que, si en ce moment, vous pouviez, sans
encourir quelque terrible mouvement de colère, vous rendre dans la chambre de mademoiselle Thuillier, vous la trouveriez occupée
à faire ses malles pour quitter la maison !

— Monsieur, que me dites-vous là ! s'écria Céleste avec épouvante.

— La vérité, et vous pouvez vous faire confirmer le fait par les domestiques, car je sens que mes révélations sont à peine croyables.

— Mais c'est impossible ! reprit la pauvre enfant dont l'agitation s'accroissait à chaque parole de l'adroit Provençal, je ne puis être la cause de si grands malheurs.

— C'est-à-dire que vous ne le voulez pas, car pour produit, le mal l'est déjà, et fasse le Ciel que ce ne soit pas d'une façon irrémédiable !

— Mais que faut-il faire, mon Dieu ? dit Céleste en se tordant les mains.

— Vous sacrifier, mademoiselle, vous répondrais-je sans hésiter, si, dans la circonstance, le rôle à la fois enviable et douloureux de victimaire ne m'était pas réservé.

— Monsieur, dit Céleste, vous interprétez très-mal la résistance que j'ai pu faire et qui à peine a été exprimée ; j'ai pu avoir une préférence, mais je ne me suis jamais considérée comme une victime ; ce qu'il faut faire pour ramener le calme dans cette maison que j'ai troublée, je le ferai sans répugnance, volontiers même.

— Ce serait pour moi, répondit la Peyrade avec une humilité hypocrite, bien au delà de ce que je puis prétendre; mais, pour le résultat que nous cherchons ensemble, dans l'apparence au moins, il faudrait, je dois vous le dire, quelque chose au delà. Madame Thuillier n'est pas sortie de son caractère pour y rentrer aussitôt, rien que sur la caution de votre résignation; ceci dans ma bouche est merveilleux de ridicule, mais la situation l'exige, et il faudrait que, de votre part, votre marraine pût croire à un mauvais goût insigne, vous donnant pour le succès de ma recherche un empressement assurément bien peu vraisemblable, et qui, cependant, serait assez bien joué pour lui faire illusion.

— Soit, dit Céleste, je saurai me montrer riante et heureuse. Ma marraine, monsieur, pour moi, c'est une autre mère, et pour une mère, que n'accepterait-on pas?

La position était telle, et Céleste étalait si naïvement la profondeur en même temps que l'absolue détermination de son sacrifice, qu'avec un peu de cœur la Peyrade eût été dégoûté de son rôle; mais Céleste, pour lui, c'était un marchepied, et, pourvu que l'échelle

vous porte et vous hausse, qui s'est jamais
avisé de regarder si elle y mettait ou non de
l'enthousiasme? Il fut donc décidé que Céleste irait trouver sa marraine, qu'elle la con-
vaincrait de la méprise où elle était tombée relativement à un sentiment de répulsion dont
jamais la Peyrade n'avait été l'objet. L'opposition de madame Thuillier neutralisée, tout
devenait facile; l'avocat se chargeait de faire
la paix entre les deux belles-sœurs, et l'on
pense bien que les phrases ne lui manquèrent
pas pour faire entrevoir à la naïve enfant un
avenir où, à force de dévouement et d'amour,
il lui ôterait tout regret de la nécessité morale
qu'elle aurait subie.

Quand Céleste aborda sa marraine, elle ne
trouva pas à la convaincre toute la difficulté
qu'elle aurait cru. Pour aller jusqu'où elle
avait été dans sa rébellion, il avait fallu à
la pauvre femme, qui procédait à l'encon-
tre de tous ses instincts et de tout son tempérament, une tension de volonté presque
surhumaine. Au moment où elle reçut les
fausses confidences de sa filleule bien-aimée, la
réaction se faisait, et, pour continuer dans la
voie où elle était engagée, il est à croire que la

force lui eût manqué. Elle se laissa donc assez facilement être dupe de la comédie qui se
jouait au bénéfice du Provençal. Une fois la
tempête calmée de ce côté, la Peyrade n'eut pas
de peine à faire comprendre à Brigitte que,
dans la répression de l'émeute faite contre son
autorité, elle avait été un peu plus loin qu'il
ne convenait ; cette autorité cessant d'être en
question, Brigitte n'en voulut plus à sa belle-
sœur de ce qu'elle avait été sur le point de la battre, et, au moyen de quelques bonnes paroles et
d'une embrassade, la pauvre Céleste payant tous
les frais de la guerre, le différend fut arrangé.

Après le dîner qui eut lieu en famille, le notaire chez lequel on devait se rendre le lendemain sans cérémonie, car il n'était pas possible de donner une nouvelle édition de la soirée
avortée, se fit annoncer chez mademoiselle
Thuillier. L'officier ministériel venait soumettre aux parties intéressées le projet du contrat avant d'en faire faire l'expédition. Cette
attention n'avait rien que d'explicable chez un
homme qui entrait en relations avec un personnage de l'importance de Thuillier, et qui
devait ne rien négliger pour l'enrégimenter so-
lidement dans sa clientèle.

La Peyrade était trop habile pour faire sur le projet dont il fut donné lecture aucune espèce d'observations. A quelques changements demandés par Brigitte, et qui donnèrent au notaire une haute idée de la capacité de la vieille fille pour les affaires, il fut bien facile pour le Provençal de remarquer qu'on prenait contre lui un peu plus de précautions que la bienséance ne le comportait, mais il ne voulut pas soulever de difficultés ; il savait qu'un contrat n'est jamais d'une maille assez serrée pour qu'un homme décidé et intelligent ne puisse passer au travers ; le rendez-vous fut pris pour le lendemain deux heures en l'étude, où la famille seule serait présente.

Pendant une partie de la soirée, s'autorisant de l'attitude bienveillante qu'il avait conseillée à Céleste et dont elle faisait de son mieux le semblant, la Peyrade joua en quelque sorte de la pauvre fille, la forçant, par la fausse chaleur de sa reconnaissance et de son amour heureux, à lui répondre sur un diapason qui était à mille lieues de l'état vrai de ce cœur que Félix Phellion remplissait tout entier.

En voyant le Provençal déployer ainsi toutes

ses séductions, Flavie avait souvenir de la
manière dont il avait pris autrefois souci de
l'enlacer. *Le monstre!* se disait-elle tout bas,
mais force lui était de faire bonne mine à cette
torture, et un moment plus tard l'apparence
d'un grand service rendu par la Peyrade à la
maison Thuillier allait donner la dernière consécration à son influence et à son crédit.

On annonça Minard.

— Mes chers amis, dit-il en entrant, je
viens vous faire une petite révélation qui ne
laissera pas de vous surprendre et qui nous
sera une leçon à tous, quand il s'agira d'introduire des étrangers dans nos maisons.

— Comment ça? dit Brigitte avec curiosité.

— Cette Hongroise, dont vous raffoliez, cette
madame Torna, comtesse de Godollo...

— Eh bien, fit la vieille fille.

— Eh bien! continua Minard, ce n'était rien
du tout; et vous avez choyé chez vous pendant deux mois la plus impudente des femmes
entretenues.

— Qui vous a fait ce conte? dit Brigitte, ne
se décidant pas facilement à admettre qu'elle
fût tombée dans cette duperie.

— On ne m'a pas fait de conte, répondit le
maire, je sais la chose par moi-même, *de
visu*.

— Tiens! vous fréquentez donc les femmes
entretenues? dit Brigitte reprenant l'offensive.
Eh bien, c'est du joli, et si Zélie savait cela!

— Ce n'est pas lui qui les fréquente, dit
Thuillier d'un air fin, c'est monsieur son fils,
nous avons de ses nouvelles!

— Eh bien, oui, dit Minard emporté par la
mauvaise humeur que lui donnait l'accueil fait
à sa communication, et, puisque cet impudent
a eu l'audace de vous recommander sa cabo-
tine pour que vous en parliez dans votre
journal, je n'ai plus rien à vous cacher.
M. Julien, en effet, se donne les airs d'entretenir
une actrice des petits théâtres, et c'est dans la
compagnie de cette créature que j'ai vu *votre
amie* madame de Godollo. Il me semble que je
parle clair, et qu'après cela le doute n'est plus
permis.

— Ça peut être clair pour vous, répondit
Brigitte, mais, à moins que vous ne soyez un
de ces braves-hommes de pères auxquels leurs
enfants font faire la connaissance de leurs
maîtresses, je vous demanderai comment vous

avez pu, vous, vous trouver en compagnie
avec la *blonde* de M. Julien?

— Ah! vous vous figurez, dit Minard en se
montant, que je suis homme à prêter les
mains aux désordres de mon fils?

— Je ne me figure rien, repartit Brigitte;
c'est vous qui nous dites : « Je me suis trouvé
dans la compagnie... »

— Je n'ai pas dit cela, interrompit Minard :
j'ai dit que j'avais vu madame de Godollo, qui
s'appelle madame Cromorn, et qui n'est pas
plus comtesse que vous et madame Colleville,
dans la société de l'indigne créature avec laquelle mon fils dépense son argent et son
temps. Maintenant, faut-il vous expliquer le
comment et le pourquoi de la rencontre?

— Mais, oui, dit Brigitte d'un ton d'incrédulité, l'explication ne sera pas de trop.

— Eh bien, pour vous montrer la manière
dont je ferme les yeux sur la débauche de mon
fils, averti par une lettre anonyme, aussitôt
que je la connus, cette débauche, je me mis en
mesure de m'en assurer par mes yeux, parce
qu'en général les lettres anonymes, je sais le
cas qu'il en faut faire.

— Tiens! dit Brigitte sous forme de pa-

renthèse en s'adressant à la Peyrade, c'est
drôle que nous n'en ayons pas encore reçu
sur votre compte, monsieur l'avocat.

— Si vous ne voulez pas m'écouter, dit Minard blessé de se voir interrompu, il est inu-
ile de me demander des détails.

— Si fait, repartit Brigitte, on vous écoute ;
vous avez voulu voir de vos yeux.

— Oui, reprit Minard, et le jour de votre
diner, où je me suis fait attendre, j'étais allé
aux *Folies-Dramatiques*, théâtre des égare-
ments de Julien, et où devait débuter sa créature. Je voulais m'assurer si ce drôle, qui,
feignant d'être malade, avait quitté la maison
aussitôt après notre départ, était à son poste
le claqueur ; il est cruel, en effet, de le
constater, c'est là que descendent les insensés
qui s'éprennent d'amour pour les femmes de
théâtre.

— Il y était ? dit Brigitte d'un air très-
peu sympathique à la douleur de M. le maire.

— Non, mademoiselle, il n'y était pas. Je ne
l'aperçus pas dans la salle, mais à un mouvement qui se fit sur la scène, aussitôt le rideau
levé, ayant porté mes yeux de ce côté, j'aperçus cet enfant, la honte de ma vieillesse, cau-

sant de l'air le plus familier du monde avec un
pompier et s'avançant tellement hors de la
coulisse, qu'un des grossiers habitués du par-
terre lui cria : *Rentre donc ta boule, intri-*
gant! Jugez comme mon cœur paternel dut
être réjoui de cette agréable interpellation !

— Voilà, dit Brigitte, vous l'avez gâté, ce
cher M. Julien.

— Je l'ai si peu gâté, reprit Minard, que
sans les instances de sa mère j'étais disposé à
prendre contre lui les mesures les plus vives,
mais ayant entendu hier les paroles si sensées
et si pleines de tolérance de l'abbé Gondrin,
l'idée me vint d'aller prendre ses conseils
d'après lesquels je me déterminai à ceci...

— Est-ce que les prêtres s'entendent à ces
choses-là ? dit Brigitte avec dédain.

— La preuve qu'ils s'y entendent, c'est que
le plan que m'avait insinué M. le vicaire a parfaitement réussi. Allant trouver la mère de
cette dangereuse fille, je lui dis que, pour mettre un terme au désordre dont elle était sans
doute aussi affligée que moi, j'étais décidé à un
sacrifice ; que j'irais jusqu'à une rente de
quinze cents livres ou à une somme de trente
mille francs une fois payée pour constituer

une dot à sa fille, et j'ajoutai que du côté de mon fils il n'y avait plus rien à attendre, vu que j'allais lui couper les vivres. — Tiens! ça se trouve bien, me répondit cette femme, il y a justement un commis-greffier de la justice de paix du douzième arrondissement qui avait eu des vues sur Olympe et qui cherche à renouer pour l'instant.

— Ce commis-greffier, demanda la Peyrade, on ne vous a pas dit son nom?

— Je ne crois pas, répondit Minard; dans tous les cas, je l'ai oublié, tout s'est arrangé dans un moment avec la mère, qui me parut une très-brave femme.

— Mais, dans tout ça, fit remarquer Brigitte, je ne vois pas paraître madame de Godollo.

— Donnez-vous patience, dit Minard. — La seule chose que je craigne, me dit la mère de l'actrice, c'est les mauvais conseils d'une Polonaise, une nommée madame *Cramone*, dont ma fille s'est coiffée et qui la dirige; peut-être que, si vous la voyiez et que vous lui fassiez entrevoir un cadeau, elle pourrait jouer dans notre jeu; elle est là justement, voulez-vous que je l'appelle? Je lui dirai, sans vous nommer, que c'est un monsieur qui désire lui parler. — J'adhère à cet arrangement, on va chercher l'étrangère : jugez un peu de ma surprise en me trouvant en présence de votre madame de Godollo, laquelle, aussitôt qu'elle m'aperçoit, se sauve en riant comme une folle !

— Et vous êtes sûr que c'est bien elle ? demanda Brigitte. Si vous n'avez fait que l'entrevoir...

Le rusé Provençal n'était pas homme à manquer l'occasion qui lui était faite de réagir contre la mystification de la Hongroise.

— M. le maire ne s'est pas trompé, dit-il avec autorité.

— Tiens ! vous la connaissiez aussi, dit mademoiselle Thuillier, et vous nous avez laissé frayer avec cette vermine ?

— Au contraire, dit la Peyrade : sans esclandre, sans rien dire à personne, j'en ai délivré votre maison. Vous vous rappelez avec quelle brusquerie cette malheureuse a déménagé : c'était moi qui, ayant découvert ce qu'elle était, lui avais donné deux jours pour vider les lieux, la menaçant, au cas où elle hésiterait, de tout vous révéler.

— Mon cher, dit Thuillier en serrant la main de l'avocat, vous avez agi avec autant de prudence que de résolution. C'est encore une obligation que nous vous avons.

— Vous voyez, mademoiselle, dit la Peyrade en s'adressant à Céleste, l'étrange protectrice qu'avait une personne de votre connaissance.

— Dieu merci ! répondit madame Thuillier, M. Félix est au-dessus de toutes ces vilaines choses.

— Ah çà ! papa Minard, dit Brigitte, motus sur tout cela : de notre côté nous serons bouche cousue relativement aux fredaines de M. Julien. Vous prendrez bien une tasse de thé?

— Volontiers, répondit Minard.

— Céleste, dit la vieille fille, sonne Henri pour qu'il fasse mettre la grosse bouillotte au feu.

XXI

SECONDE APPARITION DU COMMANDEUR.

Quoiqu'il ne fût question de se rendre chez le notaire que dans l'après-midi. le lendemain, avant huit heures, Brigitte commençait ce que son frère appelait son *ravaud ;* c'est une expression populaire qui exprime cette activité turbulente, tracassière et matinale que la Fontaine a si bien peinte dans sa fable *la Vieille et les deux Servantes.*

Brigitte déclara que si on ne s'y prenait pas de bonne heure, jamais on ne serait prêt. Elle empêcha Thuillier d'aller au journal, disant qu'une fois parti, on ne le reverrait plus ; elle bouscula Joséphine la cuisinière, pour qu'elle avançât l'heure du déjeuner, et malgré ce qui s'était passé la veille, elle eut bien de la peine à ne pas brusquer madame Thuillier, qui n'entrait pas comme elle l'aurait voulu dans la pratique de son fameux axiome : qu'il vaut mieux être en avance qu'en retard.

Allant ensuite chez les Colleville faire le même tapage, elle mit son *veto* sur une toilette beaucoup trop recherchée que méditait Flavie, et indiqua expressément à Céleste la robe et le chapeau qui formeraient la sienne. Quant à Colleville qui ne pouvait, dit-il, se dispenser de paraître à son bureau de la mairie, elle le força de se mettre dès le matin en habit, lui fit régler sa montre sur la sienne, et l'avertit que *d'abord*, s'il était en retard, on ne l'attendrait pas.

Chose assez plaisante, ce fut Brigitte poussant tout le monde l'épée dans les reins qui faillit ne pas être en mesure pour l'heure indiquée. Sous prétexte d'aider à chacun, indépendamment de son courant ordinaire d'occupations dont pour rien au monde elle ne se

serait fait crédit, elle avait l'œil et la main à
tant de choses, qu'elle finit par se voir dé-
bordée. Du reste, le retard où elle manqua
d'être prise fut mis sur le compte d'un coif-
feur, que, par extraordinaire, elle avait envoyé chercher pour lui *faire sa raie*. L'artiste
s'étant avisé de l'arranger à la mode, il fut
obligé de recommencer tout son travail afin
de rentrer dans les habitudes de coiffure de
sa cliente, lesquelles consistaient précisément
à n'être jamais coiffée, et à avoir toujours l'air
de ce qu'on appelle vulgairement un chat
fâché.

Vers une heure et demie la Peyrade, Thuillier, Colleville, madame Thuillier et Céleste
étaient rendus au salon. Flavie ne tarda pas
à les rejoindre ; elle était venue, attachant
encore ses bracelets pour éviter quelque bour-
rasque, et eut le plaisir de voir qu'elle avait
devancé Brigitte. Quant à celle-ci, déjà furieuse de se sentir en retard, elle avait un
autre motif d'exaspération. La circonstance
lui avait paru comporter un corset, raffinement dont elle ne faisait point habitude. Or,
la malheureuse, qui dans le moment était occupée à la lacer et à chercher le point juste où

elle voulait être serrée, savait seule tout ce
que les jours de corset avaient de terrible et
d'orageux. « J'aimerais autant, disait cette
« fille, avoir à lacer l'obélisque, je crois qu'*elle*
« se prêterait mieux à la chose, et dans tous
« les cas *elle* ne serait pas si mal *embou-*
« *chée.* »

Pendant qu'entre soi, mais sans bruit, on
s'amusait du flagrant délit de musarderie dans
lequel était prise la reine Élisabeth, le concierge entra et remit à Thuillier un paquet
cacheté qu'on venait de déposer chez lui avec
cette suscription : *Monsieur Thuillier, direc-*
teur de l'Écho de la Bièvre. Très-pressé.

Le destinataire s'empressa d'ouvrir l'enve-
loppe, et il trouva à l'intérieur un numéro d'un
journal ministériel qui déjà s'était montré peu
courtois et peu bienveillant pour la nouvelle
administration, en refusant l'*échange* que d'habitude les feuilles périodiques font assez volontiers, entre elles, de journal à journal.

Intrigué de cet envoi fait chez lui et non au
bureau de l'*Écho*, et avec tout le caractère
d'une si apparente préméditation, Thuillier dé-
plia vivement le numéro qui lui parvenait, et
il lut avec l'émotion que l'on peut croire l'ar-

ticle suivant, recommandé à son attention par
un entourage à l'encre rouge :

« Un organe obscur allait mourir dans
« l'ombre et de sa belle mort, lorsqu'un ambi-
« tieux de fraîche date s'est avisé de le galva-
« niser. Sa prétention est d'en faire un marche-
« pied pour grimper des fonctions municipales
« au poste si envié de la députation. Par
« bonheur, cette intrigue percée à jour ne
« saurait aboutir. Les électeurs ne se laisse-
« ront pas prendre aux avances filandreuses
« de ce carré de papier, et quand il en sera
« temps, si le ridicule n'a pas déjà fait justice
« de cette candidature saugrenue, nous dé-
« montrerons à M. le prétendant que pour
« aspirer à l'insigne honneur de représenter
« le pays, il ne suffit pas d'avoir l'argent né-
« cessaire à l'achat d'un journal de rebut et à
« l'entretien d'un blanchisseur pour mettre en
« français l'affreux patois de ses articles et
« de ses brochures. Nous nous bornons au-
« jourd'hui à ce petit avis, mais nos lecteurs
« peuvent se promettre qu'ils seront tenus au
« courant de cette comédie électorale, si on a
« le triste courage de la continuer. »

Thuillier relut deux fois cette déclaration
de guerre qui fut loin de lui laisser un visage
impassible, et ensuite, prenant la Peyrade à
part :

— Tiens, dit-il, voici quelque chose de
grave.

Le Provençal lut l'article.

— Eh bien? dit-il ensuite.

— Comment, eh bien? fit Thuillier.

— Oui, qu'est-ce que tu vois là de grave?

— Ce que je vois là de grave? Mais je
trouve l'article on ne peut plus injurieux pour
moi.

— Tu ne doutes pas, reprit la Peyrade,
que c'est quelque vertueux Cérizet, te jetant,
par esprit de vengeance, cette fusée dans les
jambes?

— Cérizet ou un autre, celui qui a écrit
cette diatribe est un insolent, dit Thuillier en
s'exaltant, et la chose n'en restera pas là.

— Moi, dit la Peyrade, je ne suis pas d'avis
de répondre. Tu n'es ni nommé, ni désigné,
quoiqu'il soit difficile de ne pas prendre l'attaque pour toi. Il faut laisser notre adversaire
s'engager davantage; le moment venu, nous lui
donnerons sur les doigts.

— Du tout, dit Thuillier, il est impossible
de rester sous le coup d'une pareille insulte.

— Diable! dit l'avocat, quelle sensibilité
d'épiderme! Mais pense donc, mon cher, que
tu es candidat et journaliste, et qu'il faut te
racornir un peu mieux que cela.

— Moi, mon ami, j'ai pour principe de ne
pas me laisser marcher sur le pied. On annonce, d'ailleurs, l'intention de récidiver.
Ainsi, il faut couper court à ces imperti-
nences.

— Dame, vois! dit la Peyrade. Il est certain que dans le journalisme comme dans les
candidatures, le tempérament rageur a son
bon côté; on se fait respecter et on arrête bien
des attaques.

— Certainement, dit Thuillier, *principiis
obsta*; et pas aujourd'hui, parce que nous
n'avons pas le temps; mais, dès demain, je
défère l'article aux tribunaux.

— Aux tribunaux! s'écria le Provençal, tu
veux faire intervenir là dedans les tribunaux?
Mais il n'y a pas matière à procès; ni toi ni le
journal n'êtes nommés, et puis c'est pitoyable
un procès; on a l'air de ces enfants que l'on a

battus et qui vont se plaindre à maman ou au
maître d'études. Si encore tu me disais que tu
vas faire intervenir Fleury dans la question,
je comprendrais cela, quoique l'affaire te soit
bien personnelle et qu'il soit difficile de voir
là une de ces offenses faites à la raison sociale
du journal et que le gérant doive relever.

— Ah çà! dit Thuillier, imagines-tu par
exemple que je vais me commettre avec un
Cérizet ou quelque autre spadassin du pouvoir? Moi, mon cher, je me pique surtout du
courage civil qui ne sacrifie pas à un préjugé
et qui, au lieu de se faire justice par soi-même,
a recours aux moyens de défense que vous
offre la loi. D'ailleurs avec la jurisprudence de
la cour de cassation sur le duel, je n'ai pas du
tout envie de me mettre en passe de m'expa-
trier ou d'aller faire un ou deux ans de
prison.

— Enfin, dit la Peyrade, nous reparlerons
de tout cela; voilà ta sœur, et elle croirait
tout perdu s'il était question devant elle de ce
petit embarras.

En voyant entrer Brigitte, Colleville avait
crié :

— Complet !

Et avait entonné le refrain de *la Parisienne* :

En avant, marchons!

— Dieu! Colleville, que vous êtes mauvais ton! dit la retardataire se hâtant de jeter une pierre dans le jardin d'autrui, afin d'éviter qu'on en jetât une dans le sien. Eh bien! sommes-nous prêts? ajouta-t-elle en arrangeant son mantelet devant une glace. Voyons l'heure, car il ne faut pas arriver en avance comme des provinciaux.

— Deux heures moins dix minutes, dit Colleville, je vais comme les Tuileries.

— Eh bien, c'est l'affaire, dit Brigitte; pour nous rendre rue Caumartin, il ne nous faut pas plus que cela. Joséphine, cria-t-elle en allant à la porte du salon, nous dînerons à six heures, ainsi réglez-vous là-dessus pour mettre la dinde à la broche et tâchez qu'elle ne soit pas brûlée comme l'autre jour. Tiens, qu'est-ce que c'est que ça? fit-elle, et d'un mouvement brusque elle referma la porte qu'elle tenait entr'ouverte; un ennuyeux! j'espère que Henri aura l'esprit de lui dire que nous sommes tous sortis.

Point du tout, Henri vint dire qu'un mon-

sieur âgé, décoré et ayant l'air très comme il
faut, demandait à être reçu pour une affaire
urgente.

— Vous ne pouviez pas lui dire qu'il n'y
avait personne?

— C'est ce que j'aurais fait, si mademoiselle, dans le moment, n'avait pas ouvert la
porte du salon où ce monsieur a vu toute la
famille assemblée.

— Enfin, dit Brigitte, vous n'avez jamais
tort.

— Que faut-il que je réponde? demanda le
domestique.

— Dites, répondit Thuillier, que je suis désolé de ne pouvoir recevoir ce monsieur, mais
que l'on m'attend chez un notaire pour un
contrat de mariage, et que si dans deux heures
il peut revenir...

— J'ai dit tout ça, repartit Henri, il m'a
répondu que ce contrat était précisément la
raison pour laquelle il était venu, et que sa visite vous intéressait plus que lui.

— Allons, reçois-le, et expédie-le en deux
temps, dit Brigitte, ça sera plus court que
toutes ces explications de M. Henri, qui est
un orateur.

La Peyrade, s'il eût été consulté, n'aurait peut-être pas conclu de la même manière, car il avait déjà eu plus d'un échantillon des bâtons qu'une influence occulte s'étudiait à jeter dans les roues de son mariage, et cette visite lui parut d'un mauvais aspect.

— Faites-le entrer dans mon cabinet, dit Thuillier, en prenant le parti conseillé par sa sœur, et ouvrant une porte qui conduisait du salon dans la pièce où il allait recevoir l'importun visiteur, il l'y devança.

Presque aussitôt, l'œil braqué au trou de la serrure : — Allons, bien ! dit Brigitte, voilà mon imbécile de Thuillier qui le fait asseoir, et dans le fond du cabinet encore, de manière à ce qu'on ne puisse rien entendre de ce qu'ils vont se dire.

La Peyrade cependant se promenait avec une agitation recouverte d'un extérieur très-indifférent ; il s'approcha même des trois femmes qui s'étaient groupées et adressa à Céleste quelques gracieusetés qu'elle accueillit avec l'air riant et heureux qui était dans l'esprit de son rôle. Quant à Colleville, il tuait le temps en composant un anagramme avec ces six mots : *le Journal l'Écho de la Bièvre*, et dans la com-

binaison des lettres, il eut bientôt trouvé cette
version peu rassurante pour l'avenir de l'affaire — *O d'Écho, jarni, la bévue réell* — mais
un E final lui manquait pour compléter le dernier mot, l'*œuvre* n'était donc pas tout à fait à
son point.

— Prend-il du tabac! disait cependant Brigitte continuant d'avoir l'œil dans la pièce voi-
sine; sa boîte d'or *enfonce* celle de Minard, je
n'en ai jamais vu de cette taille-là! Oh! ce
n'est peut-être que du vermeil, ajouta-t-elle
par réflexion. Mais c'est toujours lui qui parle
et Thuillier est là à l'écouter comme une buse.
Tant pis, je m'en vais entrer et dire qu'on ne
fait pas ainsi attendre les dames.

Comme elle avait déjà la main sur la clef,
elle entendit l'interlocuteur de Thuillier parler très-haut, cela lui fit remettre l'œil à la
serrure.

— Il est levé enfin! dit-elle avec satisfaction.

Mais voyant peu après qu'elle s'était trompée
et que c'était pour continuer la conversation
d'une façon plus animée que le petit vieillard,
arpentant l'appartement de long en large, avait
quitté son fauteuil :

— Ah bien, ma foi! j'entre, dit-elle, et je

signifie à Thuillier que nous partons devant :
il viendra nous rejoindre quand il aura fini.

Cela dit, la vieille fille frappa deux petits
coups très-impérieux et très-secs, et elle pénétra résolûment dans le cabinet de son frère.

A son tour la Peyrade eut le mauvais goût,
excusé d'ailleurs par un grand intérêt de curiosité, de regarder, par le trou de la serrure,
ce qui se passait. D'abord il crut reconnaître
le petit vieux qui, sous le titre du commandeur, lui était une fois apparu chez madame
de Godollo ; ensuite il remarqua que Thuillier
parlait à sa sœur avec une impatience et des
gestes d'autorité qui ne rappelaient d'aucune
manière ses habitudes de déférence et de sou-
mission.

— Il paraît, dit Brigitte en rentrant au salon, que Thuillier trouve beaucoup d'intérêt à
l'entretien de cet être-là, car il m'a ordonné
brutalement de les laisser, quoique le petit
bonhomme me dît, lui, avec beaucoup de po-
litesse, qu'ils allaient avoir fini ! Mais, surtout,
qu'on m'attende ! a ajouté Jérôme. Depuis qu'il
fait un journal, je ne le reconnais plus, il
prend des airs de mener le monde à la ba-
guette.

— J'ai bien peur qu'il ne se laisse entortiller par quelque intrigant, dit la Peyrade. Ce petit vieillard, je suis presque sûr de l'avoir vu chez madame Cromorn le jour où j'étais allé lui signifier de vider les lieux ; ce doit être quelqu'un du même monde.

— Il fallait donc me prévenir, répondit Brigitte ; je lui aurais demandé des nouvelles de la comtesse, de manière à lui faire connaître que nous en savions long sur sa Hongroise.

A ce moment on entendit un remuement de fauteuils ; Brigitte courut à la serrure.

— Oui, dit-elle, il s'en va ; Jérôme le reconduit avec force salutations.

Comme Thuillier fut encore quelque temps à reparaître, Colleville eut le temps de s'approcher de la fenêtre et de s'écrier en voyant le petit vieux monter dans l'élégant coupé dont il a déjà été parlé au lecteur :

— Fichtre ! quelle livrée ficelée ! Dans tous les cas, c'est un intrigant de grand numéro.

Enfin Thuillier entra. Sa figure était soucieuse, sa parole très-grave.

— Mon cher la Peyrade, fit-il, tu ne nous avais pas dit qu'il y avait eu une autre affaire de mariage qui l'avait très-sérieusement occupé.

— Si fait, je t'ai dit qu'on m'avait offert une très-riche héritière, mais que mon entraînement était ici, que je n'avais pas voulu donner suite à l'affaire, qui, par conséquent, n'a jamais été sérieusement engagée.

— Eh bien, je crois que tu as tort de traiter légèrement cette proposition.

— Comment ! c'est toi qui, en présence de ces dames, me reproches d'être resté fidèle à mes premiers désirs et à nos anciens engagements ?

— Mon ami, la conversation que je viens d'avoir a été pour moi très-instructive ; et quand tu sauras tout ce que je sais et beaucoup d'autres détails qui te regardent seul et qui doivent t'être confiés, je pense que tu entreras dans mes idées. Ce qu'il y a de certain, c'est que nous n'irons pas aujourd'hui chez le notaire, et quant à toi, ce que tu as de mieux à faire, c'est de te rendre sans délai chez M. du Portail.

— Encore ce nom qui me poursuit comme un remords ! s'écria la Peyrade.

— Oui ! vas-y sur-le-champ, il t'attend, c'est un préliminaire indispensable pour que nous poussions plus loin. Quand tu auras vu

cet honnête rentier, eh bien, si tu persistes à
réclamer la main de Céleste, nous pourrons
donner suite à nos projets ; jusque-là nous ne
bougerons pas.

— Mais, mon pauvre garçon, dit Brigitte,
tu t'es laissé embabouiner par un *enfileur*;
c'est un homme de la clique à la Godollo.

— Madame Godollo, répondit Thuillier, n'est
pas du tout ce que vous pensez, et le mieux
que l'on pourra faire dans cette maison, c'est de
ne jamais dire sur son compte un seul mot, ni
en bien, ni en mal. Quant à la Peyrade, puisque
ce n'est pas la première fois que lui est faite
cette invitation, je ne comprends vraiment pas
pourquoi il hésite à aller voir ce M. du Portail.

— Ah çà ! dit Brigitte, il t'a donc tout à fait
ensorcelé, ce petit vieux ?

— Je te dis que ce petit vieux est tout ce
que démontre son extérieur. Il a sept croix,
un équipage magnifique, et m'a dit des choses
qui m'ont jeté dans le plus grand étonnement.

— Alors, c'est peut-être un tireur de cartes
à domicile, dans le genre de madame Fontaine, qui m'a tant retournée une fois qu'avec
madame Minard, croyant bien rire de la vieille
sorcière, nous avions été la consulter.

— Enfin, si ce n'est pas un sorcier, dit Thuillier, c'est au moins un homme qui a le bras très-long, et je crois qu'on se trouverait mal de ne pas tenir compte de ses avis. Toi, du reste, Brigitte, il n'a fait que t'entrevoir, et m'a dit tout ton caractère : que tu étais une maîtresse femme née pour le commandement.

— Le fait est, repartit Brigitte, se pourléchant à ce compliment comme si elle eût mangé de la crème, qu'il a l'air très-comme il faut, ce petit vieillard. Écoutez donc, mon cher, ajouta-t-elle en s'adressant à la Peyrade, puisqu'un si gros bonnet insiste tant là-dessus, allez toujours voir du Portail ; cela, il me semble, n'engage à rien.

— Mais certainement, dit Colleville, moi j'irais trente fois chez tous les du Portail ou tous les *du Portaux* de la terre si on m'en faisait la recommandation.

La scène tournant à ressembler à celle du *Barbier de Séville*, où tout le monde dit à Basile d'aller se coucher et qu'il sent la fièvre, la Peyrade prit son chapeau avec humeur, et il se rendit où l'appelait sa destinée : *Quo sua fata vocabant.*

XXII

CHEZ DU PORTAIL.

En arrivant à la rue Honoré-Chevalier, la Peyrade eut un doute; l'aspect délabré de la maison où il avait affaire lui fit craindre d'en avoir mal retenu le numéro. Il ne lui semblait pas qu'un personnage de l'importance qu'on pouvait supposer à ce M. du Portail, qui pesait si cruellement sur sa vie, pût habiter en pareil lieu. Ce fut donc avec hésitation qu'il s'adressa au sieur Perrache, le portier. Mais une fois arrivé à l'antichambre de l'appartement qui lui fut indiqué, la bonne tenue du vieux valet de chambre Bruneau et la tournure extrêmement confortable de tout l'ameublement lui parurent rentrer tout à fait dans ses prévisions. Introduit dans le cabinet du rentier aussitôt qu'il se fut nommé, sa surprise ne fut pas médiocre quand il se trouva en présence du prétendu commandeur ami de madame de Godollo ou, si on l'aime mieux, en présence du petit vieillard qu'il avait entrevu chez les Thuillier un moment auparavant.

— Enfin! dit du Portail en se levant pour approcher un siége, on vous voit, monsieur le réfractaire; vous vous êtes bien fait tirer l'oreille.

— Puis-je savoir, monsieur, dit la Peyrade avec hauteur et sans occuper le fauteuil qui lui était offert, quel intérêt vous avez à vous entremettre dans mes affaires? Je ne vous connais pas, et j'ajouterai que le lieu où je vous ai aperçu une seule fois ne m'avait pas créé un désir démesuré de faire votre connaissance.

— Et où donc m'avez-vous vu? demanda du Portail.

— Chez une espèce de coureuse qui se faisait appeler madame la comtesse de Godollo.

— Où monsieur, par conséquent, allait aussi, dit le petit vieillard, et sur un pied beaucoup moins désintéressé que moi.

— Je ne suis pas venu, dit Théodose, dans l'intention de faire assaut d'esprit. J'ai droit, monsieur, à des explications relativement à tout votre procédé avec moi ; j'ose donc vous prier de n'en pas éloigner le moment par des facéties auxquelles je ne suis pas le moins du monde en humeur de prêter le collet.

— Eh bien, mon cher, dit du Portail, asseyez-vous ; je ne suis pas en humeur, moi, de me tordre le cou à faire la conversation de bas en haut.

L'intimation n'avait rien que de raisonnable, et elle était faite sur un ton à laisser croire que le rentier ne s'effaroucherait pas beaucoup des grands airs. La Peyrade prit donc le parti de déférer au désir de son hôte ; mais il eut soin de garder à son obéissance le plus de mauvaise grâce qu'il lui fut possible.

— M. Cérizet, dit du Portail, un homme extrêmement bien posé dans le monde et qui a l'honneur d'être un de vos amis...

— Je ne vois plus cet homme, dit vivement

la Peyrade, comprenant bien l'intention mali-
cieuse du vieillard.

— Enfin, reprit du Portail, dans le temps
où vous aviez quelquefois occasion de le voir,
en lui payant, par exemple, à dîner au *Rocher
de Cancale*, j'avais chargé le vertueux M. Cérizet de vous pressentir sur un mariage...

— Que j'ai refusé, interrompit Théodose; et
que je refuse plus énergiquement que jamais.

— C'est là la question, reprit le rentier;
moi je crois, au contraire, que vous l'accepte-
rez, et c'est pour causer de cette affaire que
depuis si longtemps je désire une rencontre
avec vous.

— Mais cette folle que vous me jetez à la
tête, dit la Peyrade, que vous est-elle donc?
Ce n'est ni votre fille, ni votre parente, je suppose, car dans la chasse aux maris que vous
faites pour elle, vous mettriez plus de discrétion.

— Cette fille, dit du Portail, est la fille d'un
de mes amis; elle a perdu son père, il y a déjà
plus de dix ans; depuis ce temps je l'ai recueillie chez moi et lui ai donné tous les soins
que comportait sa situation douloureuse; sa
fortune que j'ai fort augmentée, jointe à la

mienne dont je compte la constituer héritière, fait d'elle un parti très-riche. Je sais que vous n'êtes pas ennemi des grosses dots, car vous allez les chercher dans les lieux les plus infimes ; dans des maisons Thuillier, par exemple, ou, pour me servir de votre expression, chez des *coureuses* que vous connaissez à peine ; je me suis donc figuré que vous voudriez bien en prendre une de ma main, attendu que l'infirmité de ma jeune fille est déclarée très-guérissable par les médecins, tandis que vous ne guérirez jamais M. et mademoiselle Thuillier, d'être l'un un sot, l'autre une mégère, pas plus que vous ne guérirez madame Cromorn d'être une femme de vertu très-moyenne et très-évaporée.

— Il peut me convenir, répondit la Peyrade, d'épouser la filleule d'un sot et d'une mégère, si je la choisis ; de même, si la passion m'y emporte, je peux devenir le mari d'une coquette ; mais la reine de Saba, si on me l'impose, ni vous, monsieur, sachez-le bien, ni de plus puissants, ni de plus habiles, ne me la feraient accepter.

— Aussi est-ce à votre bon sens et à votre intelligence que j'entends m'adresser, mais

encore faut-il avoir les gens à portée pour
leur parler. Voyons, raisonnons un peu votre
situation, et ne vous effarouchez pas si, comme
un chirurgien qui veut guérir son malade, je
porte la main sans miséricorde dans les plaies
d'une existence jusqu'ici très-laborieuse et
très-tourmentée. Un premier point d'abord à
constater, c'est que l'affaire Céleste Colleville
est tout à fait manquée pour vous.

— Et pourquoi cela? dit la Peyrade.

— Parce que je sors de chez Thuillier et
que je l'ai terrifié en lui faisant la peinture de
tous les malheurs qu'il avait déjà encourus et
qu'il devait encourir encore s'il persistait dans
la pensée de vous donner en mariage sa filleule. Il sait maintenant que c'est moi qui ai
paralysé la bienveillance de madame la comtesse du Bruel, dans l'affaire de la croix; que
j'ai fait saisir sa brochure; que j'ai lancé dans
sa maison cette Hongroise qui vous a tous si
bien joués; que c'est par mes soins qu'aujour-
d'hui dans les journaux ministériels a commencé un feu dont chaque jour accroîtra la
vivacité, sans parler des autres machines qui
seront au besoin dirigées contre sa candidature. Ainsi, vous le voyez, cher monsieur, non-

seulement vous n'avez plus pour Thuillier le
mérite d'être son grand électeur, mais vous
êtes la pierre d'achoppement de son ambition :
c'est assez vous dire que le côté par lequel
vous vous imposiez à cette famille, qui au fond
n'a jamais sincèrement voulu de vous, est tout
à fait battu en brèche et démantelé.

— Mais pour avoir fait tout ce dont vous
vous flattez, demanda la Peyrade, qui donc
êtes-vous?

— Je ne vous répondrai pas que vous êtes
bien curieux, car je vous le dirai tout à l'heure;
mais poursuivons, s'il vous plaît, l'autopsie
de votre existence aujourd'hui perdue, et à laquelle je prépare une résurrection glorieuse.
Vous avez vingt-huit ans, une carrière à peine
ébauchée et dans laquelle je vous défends de
faire un pas de plus. Quelques jours encore,
et le conseil de l'ordre des avocats s'assem-
blera et il censurera d'une façon plus ou moins
absolue votre conduite dans l'affaire de cet
immeuble que vous avez eu la candeur de
mettre aux mains des Thuillier. Or, il ne faut
vous faire aucune illusion; n'eussiez-vous à
encourir qu'un avertissement sévère, et je cave
au moindre malheur, un avocat n'est pas

comme ce cocher que le blâme du parlement ne devait pas empêcher de conduire son fiacre : blâmé, vous êtes autant dire rayé du tableau...

— Et c'est à votre bienveillance, sans doute, dit la Peyrade, que je devrai ce précieux résultat.

— Et je m'en vante, dit du Portail, car pour vous remorquer au port, il était d'abord nécessaire de vous désemparer de tout votre gréement ; sans cela vous auriez toujours voulu voguer de vos propres voiles dans ces bas-fonds de la bourgeoisie.

Voyant que décidément il avait affaire à forte partie, l'adroit Provençal jugea convenable de modifier son attitude, et d'un air beaucoup plus réservé :

— Vous permettrez, monsieur, dit-il, que jusqu'à plus amples développements j'ajourne au moins ma reconnaissance.

— Vous voilà donc, reprit du Portail, à vingt-huit ans, sans le sou, sans état, avec des antécédents très... médiocres, d'anciennes connaissances, comme M. Dutocq et le *courageux* Cérizet ; devant à mademoiselle Thuillier dix mille francs, qu'en bonne conscience vous

seriez tenu à lui rendre, quand vous n'en auriez pas pris l'engagement d'amour-propre;
à madame Lambert vingt-cinq mille francs,
que vous avez sans doute une extrême hâte
le réintégrer dans ses mains; enfin, tout à
l'heure, ce mariage, votre dernière espérance,
votre planche de salut, vient de vous être
rendu impossible. Entre nous, si j'ai quelque
chose de raisonnable à vous proposer, croyez-
vous n'être pas un peu à ma disposition?

— Il sera toujours temps, répondit la Peyrade, de vous prouver le contraire, et je n'ai
pas de résolution à prendre tant que les des-
seins que vous voulez bien avoir sur moi ne
me seront pas connus.

— Je vous ai fait parler d'un mariage, reprit du Portail; ce mariage, dans ma pensée,
s'unit étroitement à une autre combinaison
d'existence qui, pour vous, se présente entourée d'une sorte de dévolution héréditaire. Savez-vous ce que faisait à Paris cet oncle que
vous étiez venu retrouver vers 1829? Dans
votre famille, il passait pour millionnaire; et,
mort subitement avant que vous pussiez le
joindre, il ne laissa pas même la somme nécessaire pour se faire enterrer; le corbillard

des pauvres et la fosse commune, voilà quelle
fut sa fin.

— Vous l'avez donc connu? demanda Théodose.

— C'était, répondit du Portail, mon ami le
plus cher et le plus ancien.

— Mais, à ce compte, dit vivement la Peyrade, une somme de cent louis, qui dans les
premiers temps de mon séjour à Paris me par-
vint par une main inconnue...?

— Venait effectivement de moi, répondit le
rentier; malheureusement, entraîné par un
tourbillon d'affaires dont vous vous rendrez
mieux compte dans un moment, je ne pus donner suite au bienveillant intérêt dont le souvenir de votre oncle me remplissait pour vous;
ainsi s'explique que je vous aie laissé sur la
paille d'une mansarde arriver, comme les nè-
fles, à cette maturité de la misère qui devait
appeler sur vous la main d'un Dutocq et d'un
Cérizet.

— Je n'en reste pas moins, monsieur, votre
obligé, dit la Peyrade, et si j'avais su que vous
étiez ce généreux protecteur resté pour moi
introuvable, croyez que, sans attendre votre
désir, j'aurais été le premier à chercher l'oc-

casion de vous voir et de vous remercier.

— Laissons les compliments, dit du Portail, et pour en venir au côté sérieux de notre conférence, que diriez-vous si je vous apprenais que cet oncle, dont vous veniez à Paris chercher la protection et l'appui, était l'un des agents de cette puissance occulte, qui est un thème à tant de fables ridicules et l'objet de si sots préjugés?

— Je ne saisis pas bien, dit la Peyrade avec une curiosité inquiète; oserai-je vous prier de mieux préciser?

— Par exemple, je suppose, reprit du Portail, que votre oncle, encore vivant, vous dise : Tu cherches, mon beau neveu, la fortune, l'influence; tu as la prétention de te tirer de la foule, d'être mêlé à toutes les grandes affaires de ton temps; tu voudrais trouver emploi de ton esprit vif, alerte, plein de ressources et légèrement tourné à l'intrigue, et enfin dépenser dans une sphère élevée et élégante cette puissance de volonté et d'invention que tu as jusqu'ici fourvoyée à la sotte et inutile exploitation de ce qu'il y a de plus sec et de plus coriace au monde, à savoir, un bourgeois. Eh bien, baisse la tête, mon beau neveu; entre

avec moi par cette petite porte que je vais t'ouvrir et qui donne dans une grande maison
assez mal famée, mais qui vaut mieux pourtant
que sa réputation. Le seuil passé, tu te relè-
veras puissant de toute la hauteur de ton
génie, s'il en est en toi quelque étincelle : les
hommes d'État, les rois même t'associeront
à leurs pensées les plus secrètes ; tu seras leur
collaborateur occulte, et à ce compte aucune
des joies que l'argent et la hauteur des fonctions peuvent promettre à un homme ne sera
pour toi défendue et inabordable.

— Mais, monsieur, objecta la Peyrade, sans
oser encore vous comprendre, je vous ferai
remarquer que mon oncle est mort assez misérable pour que la charité publique ait dû se
charger de son inhumation.

— Votre oncle, répondit du Portail, était un
homme de talents rares, mais il avait dans le
caractère des côtés légers par lesquels toute
sa destinée fut compromise. Il était dépensier,
ardent au plaisir, sans souci de l'avenir ; il
voulut aussi goûter à cette joie faite pour le
commun des hommes, et qui pour les grandes
vocations exceptionnelles est le pire des embarras et des piéges, je veux parler de la fa-

mille ; il eut une fille dont il était fou, ce fut
par là que des ennemis terribles ouvrirent une
brèche dans sa vie et purent préparer la ca-
tastrophe épouvantable qui la couronna. Votre
oncle, j'entre, vous le voyez, dans votre argument, votre oncle est mort foudroyé par le
poison.

— Et ce serait là, dit la Peyrade, un encou-
ragement à marcher dans cette voie ténébreuse
où il m'eût engagé à le suivre !

— Mais si c'est moi, cher monsieur, répondit du Portail, qui vous y montre le chemin ?

— Vous! monsieur, dit la Peyrade avec stu-
péfaction.

— Oui, moi, qui fus élève de votre oncle et
plus tard son protecteur et sa providence ; moi,
dont près d'un demi-siècle n'a fait que grandir
presque chaque jour l'influence ; moi, qui suis
riche, qui vois les gouvernements, à mesure
qu'ils se renversent les uns sur les autres,
comme des capucins de carte, venir me demander la sécurité et la force de leur avenir ;
moi, qui suis le directeur d'un grand théâtre
de pantins où j'ai des *Colombines* de la tournure de madame de Godollo ; moi qui demain,
si cela était nécessaire au succès d'un de mes

vaudevilles ou de mes drames, pourrais me
montrer à vous, porteur du grand cordon de
la Légion d'honneur, de l'ordre de la Jarre-
tière ou de celui de la Toison d'or. Et voulez-
vous savoir pourquoi ni vous ni moi ne mour-
rons empoisonnés ; pourquoi, plus heureux que
les royautés contemporaines, je pourrai trans-
mettre mon sceptre au successeur que je me
suis choisi? C'est que comme vous, mon jeune
ami, malgré votre apparence méridionale, j'é-
tais froid, profondément calculateur, que jamais je ne perdais mon temps aux bagatelles de
la porte ; que la chaleur, quand j'étais amené,
par le besoin de la circonstance, à en montrer,
je ne l'avais jamais qu'en surface. Il est plus que
probable que vous avez entendu parler de moi ;
eh bien, pour vous, j'ouvre une fenêtre dans
mon nuage ; regardez-moi et remarquez-le bien,
je n'ai ni le pied fourchu, ni une queue au bas
des reins ; au contraire, apparaît en moi la
figure du plus inoffensif des rentiers du quartier Saint-Sulpice ; dans ce quartier où je jouis,
je puis le dire, de l'estime universelle depuis
vingt-cinq ans, je m'appelle du Portail, tandis
que pour vous, si vous me le permettez, je
vais m'appeler CORENTIN !

— Corentin! s'écria la Peyrade avec une surprise épouvantée.

— Oui, monsieur, et vous voyez qu'en vous révélant ce secret, je mets la main sur vous et vous enrégimente. Corentin! *le plus grand homme de police des temps modernes*, comme dit de moi l'auteur d'un article de la *Biographie des hommes vivants*, auquel je dois d'ailleurs la justice de dire qu'il ne sait pas un mot de ma vie.

— Monsieur, dit la Peyrade, certainement je vous garderai le secret; mais la place que vous voulez bien m'offrir auprès de vous...

— Vous épouvante ou du moins vous inquiète, interrompit vivement l'ex-rentier. Avant même de vous être bien rendu compte de la chose, le mot vous fait peur. La pôoolice!... ce terrible préjugé qui la marque au front, vous vous reprocheriez de ne pas le partager.

— Très-certainement, dit la Peyrade; c'est une institution utile, mais je ne crois pas qu'on l'ait toujours calomniée. Si le métier de ceux qui la font était honorable, pourquoi se cacheraient-ils?

— Parce que tout ce qui menace la société,

répondit Corentin, et qu'ils ont la mission de réprimer, se prépare et se trame dans l'ombre. Les larrons, les conspirateurs mettent-ils sur leur chapeau : « *Je suis Guillot, berger de ce troupeau,* » et faudra-t-il, quand nous cherchons à les atteindre, que nous nous fassions précéder de la sonnette que le commissaire fait promener, le matin, par son appariteur pour ordonner aux concierges de balayer le devant de leur porte?

— Monsieur, dit la Peyrade, là où le sentiment est universel, il n'y a plus un préjugé, il y a une opinion, et cette opinion doit faire la règle de tout homme qui prétend à l'estime de soi-même et des autres.

— Et quand vous dépouilliez ce notaire en faillite, s'écria Corentin; que vous voliez un cadavre pour enrichir les Thuillier, vous prétendiez à votre propre estime et à celle du conseil de votre ordre; et qui sait encore si, dans votre vie, vous n'avez pas d'autres actions plus noires ! Je suis plus honnête homme que vous, car, hors de mes fonctions, je n'ai pas un acte douteux à me reprocher, et quand le bien s'est présenté à moi, je l'ai fait partout et toujours. Croyez-vous que depuis onze ans la garde de cette folle ait été tout roses? Mais c'était la fille de votre oncle, de mon vieil ami, et lorsque, sentant mes jours qui s'avancent, je viens vous dire, à beaux écus comptants, de me relever de cette faction...

— Quoi, dit la Peyrade, cette folle serait la fille de mon oncle la Peyrade?

— Oui! monsieur, la fille que je veux vous faire épouser est la fille de *Peyrade*, car il avait démocratisé son nom, ou, si vous l'aimez mieux, elle est la fille du père Canquoëlle, nom de guerre qu'il avait pris du petit domaine des Canquoëlles, où votre père mourait de faim avec onze enfants. Est-ce que malgré la discrétion que votre oncle gardait sur sa famille, je ne la sais pas à fond comme si j'en étais? Est-ce qu'avant de vous destiner à votre cousine, je n'avais pas pris tous mes renseignements? Vous faites la petite bouche avec la police; mais, comme disent les gens du peuple, le plus beau de votre nez en est fait; votre oncle en était et, grâce à la police, il fut le confident, j'ai presque dit l'ami de Louis XVIII qui trouvait à sa conversation un plaisir infini; votre cousine est un enfant de la balle; par votre caractère et par votre esprit, par la

sotte position que vous vous êtes faite, tout
votre être gravite vers le dénoûment que je
vous propose, et c'est de me remplacer, s'il
vous plaît, de succéder à Corentin, monsieur,
qu'il est question ! Et vous croyez que je n'ai
pas mainmise sur vous et que par de sottes
considérations d'amour-propre bourgeois, vous
parviendrez à m'échapper ! .

Il fallait que la Peyrade ne fût pas si profondément aheurté à un refus qu'on aurait pu
le croire, car la chaleur du grand homme de
la police et cette espèce d'appropriation que
l'on faisait de sa personne amenèrent sur sa
figure un sourire.

Corentin cependant s'était levé et, arpentant
à grands pas la pièce où se passait la scène,
ayant l'air de se parler à lui-même :

— La police ! s'écriait-il, c'est d'elle que
l'on pourrait dire ce que Basile disait à Bar-
tholo de la calomnie, la *police*, *monsieur*,
*la police, vous ne savez pas ce que vous dédai-
gnez !* Et dans le fait, reprit-il un peu après,
qui est-ce qui la méprise ? Les imbéciles qui ne
savent qu'insulter ce qui fait leur sécurité. Car
supprimez la police, vous supprimerez la civilisation. Est-ce qu'elle leur demande leur es-

time, à ces gens-là ? Elle ne veut leur inspirer qu'un sentiment : la peur, ce grand levier avec lequel on gouverne les hommes, race impure dont, avec Dieu, l'enfer, le bourreau et les gendarmes, on parvient à peine à comprimer les détestables instincts.

S'arrêtant ensuite devant la Peyrade et le regardant avec un sourire dédaigneux :

— Vous êtes donc de ces niais, continua le panégyriste, qui dans la police ne voient qu'un ramassis de mouchards et de délateurs et qui n'y ont jamais soupçonné des politiques raffinés, des diplomates de premier ordre, des Richelieus de robe courte ? Mais Mercure, monsieur, Mercure, le plus spirituel des dieux du paganisme, n'était-il pas la police incarnée ? Il est vrai qu'il était aussi le dieu des voleurs. Nous valons donc mieux que lui, car nous n'admettons pas ce cumul.

— Pourtant, dit la Peyrade, Vautrin, le fameux chef de la police de sûreté.

— Eh oui, dans les bas-fonds, reprit Corentin reprenant sa promenade, il y a toujours de la vase, et encore ne vous y trompez pas, Vautrin est un homme de génie, mais que ses passions, comme celles de votre oncle,

ont engagé de travers. Mais montez plus haut
(car là gît toute la question, savoir, le bâton
de l'échelle où l'on aura l'esprit de se percher);
M. le préfet de police, ministre honoré, choyé,
respecté, est-ce que c'est un mouchard? Eh
bien, moi, monsieur, je suis le préfet de police
occulte de la diplomatie et de la haute politique, et vous hésitez à monter sur ce trône
dont Charles-Quint vieilli pense à descendre?
Paraître petit et faire des choses immenses,
vivre dans une cave confortablement arrangée
comme celle-ci et commander à la lumière;
avoir à ses ordres une armée invisible, toujours prête, toujours dévouée, toujours sou-
mise; connaître l'envers de toute chose, n'être
jamais dupe d'aucune ficelle, parce qu'ici
même on les tient toutes en main; voir à travers toutes les cloisons, pénétrer tous les secrets, fouiller dans tous les cœurs et dans
toutes les consciences, voilà, monsieur, ce
qui vous fait peur; et vous ne redoutiez pas
d'aller vous vautrer dans l'obscur et bourbeux
marécage de la maison Thuillier; vous, cheval
de race, vous vous laissiez atteler à un fiacre,
à l'ignoble besogne de la députation et du
journal de ce bourgeois enrichi!

— On fait ce qu'on peut, répondit la Peyrade.

— Chose bien remarquable d'ailleurs, poursuivit Corentin ne répondant qu'à sa propre
pensée, plus juste et plus reconnaissante que
l'opinion, la langue nous a mis à notre place,
car du mot de *police* elle a fait le synonyme
de civilisation, et l'antipode de la vie sauvage
quand elle a voulu que l'on écrivît : *Un état
policé.* Aussi, nous soucions-nous bien peu, je
vous le jure, du préjugé qui essaye de nous
flétrir ; personne mieux que nous ne connaît
les hommes, et les connaître, c'est être arrivé
à mépriser leur mépris tout aussi bien que
leur estime.

— Il y a certainement beaucoup de vrai
dans la thèse que vous développez si chaleu-
reusement, finit par dire la Peyrade.

— Beaucoup de vrai, répondit Corentin en
allant se rasseoir ; dites donc que c'est la vérité, rien que la vérité, mais que ce n'est pas
toute la vérité. Au reste, mon cher monsieur,
assez pour aujourd'hui. Me succéder dans mes
fonctions et épouser votre cousine avec une
dot qui ne doit pas être au-dessous de cinq
cent mille francs, voilà mon offre. Je ne vous

demande pas en ce moment de réponse; je n'aurais pas de confiance dans une résolution qui n'aurait pas été sérieusement réfléchie. Demain, je serai ici toute la matinée, puisse ma conviction avoir fait la vôtre !

Puis, congédiant son interlocuteur par un petit salut sec et cassant :

— Je ne vous dis pas adieu, mais au revoir, M. de la Peyrade.

Là-dessus Corentin s'approcha d'une console où il trouva tout ce qu'il fallait pour préparer un verre d'eau sucrée, que véritablement il avait bien gagné, et, sans regarder le Provençal qui sortait un peu abasourdi, il ne parut plus occupé que de cette prosaïque préparation.

XXIII

COUSIN ET COUSINE.

——

Était-il bien nécessaire que le lendemain de
la rencontre avec Corentin une visite de madame Lambert, devenue créancière exigeante
et importune, vînt peser dans les résolutions
de la Peyrade? Comme le lui avait dit la veille
le tentateur, dans son caractère, dans son esprit, dans ses aspirations, dans les impru-
dences de son passé, n'était-on pas frappé
d'une sorte de pente irrésistible qui l'entraî-
nait vers l'étrange solution d'existence venue
tout à coup s'offrir à lui?

La fatalité, si l'on peut ainsi parler, mit du luxe aux enlacements sous lesquels il devait succomber. On était au 31 octobre, les vacances du palais touchaient à leur fin ; le 2 novembre, devait avoir lieu la rentrée des tribunaux, et pour ce jour-là, au moment où madame Lambert sortait de chez lui, l'avocat reçut de surcroît une invitation à comparaître devant le conseil de son ordre.

A madame Lambert, qui le pressait vivement de s'acquitter avec elle, sous prétexte qu'elle quittait la maison de M. Picot et retournait prochainement dans son pays, il avait dit :

— Venez me voir après-demain à la même heure ; votre argent sera prêt.

A l'intimation de venir rendre compte devant ses pairs, il répondit qu'il ne reconnaissait pas au conseil le droit de l'interpeller sur un fait de sa vie privée. C'était une réponse telle quelle. Inévitablement elle devait amener sa radiation du tableau des avocats à la cour royale ; mais elle avait un air de dignité et de protestation par où l'amour-propre pouvait se sauver.

Enfin il écrivit un mot à Thuillier, pour lui annoncer que de sa visite chez du Portail était résultée pour lui la nécessité d'accueillir la proposition d'un autre mariage. Il rendait donc à Thuillier sa parole et reprenait la sienne; tout cela dit sèchement, sans l'expression d'aucun regret pour l'alliance à laquelle il renonçait. Par un *post-scriptum* il ajoutait : « Nous aurons à causer de ma position au journal, » indiquant ainsi qu'il pouvait entrer dans ses projets de ne pas la conserver.

Il eut soin de faire de cette lettre une copie, et une heure plus tard, quand, dans le cabinet de Corentin, il fut interrogé sur le résultat de ses réflexions, pour réponse il donna à lire au grand homme de police la démission matrimoniale qu'il venait de formuler.

— C'est bien, dit Corentin, mais votre position au journal, il faudra peut-être la garder pendant quelque temps, la candidature de ce sot dérange les plans du gouvernement, et nous causerons d'un croc-en-jambe à la destination de M. le conseiller municipal; dans votre position de rédacteur en chef omnipotent, vous aurez peut-être quelque bon tour à lui jouer, et je ne pense pas que votre conscience soit disposée à une grande révolte contre cette mission.

— Non certes, dit la Peyrade, le souvenir des humiliations auxquelles pendant si long-temps j'ai été soumis me fera bien plutôt trouver une volupté singulière à fouailler cette engeance bourgeoise.

— Prenez garde, dit Corentin, vous êtes jeune et il faut vous garer de ces mouvements bilieux. Dans notre austère métier nous n'aimons rien, nous ne haïssons rien. Les hommes sont pour nous des pions de bois ou d'ivoire, selon leur qualité, avec lesquels nous jouons nos parties. Nous devons être comme le glaive qui coupe ce qu'on lui donne à trancher, mais qui, soucieux seulement d'être finement affilé, ne veut ni bien ni mal à personne. Maintenant parlons de votre cousine à laquelle je suppose que vous avez quelque curiosité d'être présenté.

La Peyrade n'avait pas à jouer l'empressement; celui qu'il éprouvait était véritable.

— Lydie de la Peyrade, dit Corentin, approche la trentaine; mais la virginité, jointe à une folie douce, qui a tenu éloignées d'elle toutes les passions, toutes les idées, toutes les impressions auxquelles s'use la vie, l'a embaumée en quelque sorte dans une jeunesse

ternelle. Vous ne lui donneriez pas plus de
vingt ans ; elle est blonde, svelte ; sa figure,
pleine de finesse, est surtout remarquable par
une expression de douceur angélique. Privée
de son bon sens par suite de la terrible cata-
strophe à laquelle succomba son père, sa monomanie a quelque chose de touchant ; elle a
toujours dans les bras ou reposant auprès
d'elle un paquet de linge qu'elle berce et en-
toure de ses soins comme un enfant malade ;
et, excepté Bruneau, mon valet de chambre,
et moi, qu'elle reconnaît, tous les autres
hommes sont pour elle des médecins qu'elle
consulte et écoute comme des oracles. Une
crise survenue il y a quelque temps dans son
tempérament a convaincu Horace Bianchon,
ce prince de la science, que, si la réalité pouvait être substituée à cette longue comédie de
maternité, sa raison reprendrait son empire.
N'est-ce pas une aimable tâche que celle de
refaire la lumière dans cette âme où le jour
n'est que voilé? et le lien de parenté que la
nature a mis entre vous ne semblait-il pas
vous désigner plus spécialement à entreprendre cette cure, dont, encore un coup, pour
Bianchon et deux autres docteurs éminents qui

ont conféré avec lui de l'état de la malade, le succès ne fait pas un doute? Maintenant, je vais vous mettre en présence de Lydie ; et songez à bien jouer votre rôle de médecin ; car la seule chance qu'on ait de la faire départir de sa douceur habituelle, c'est de ne pas entrer, comme elle l'entend, dans son éternelle visée de consultation.

Après avoir traversé plusieurs pièces, la Peyrade et son conducteur étaient près de pénétrer dans celle où d'ordinaire se tenait Lydie quand elle n'avait pas besoin de plus d'espace pour bercer, en marchant, son enfant imaginaire ; mais tout à coup ils furent arrêtés par deux ou trois accords plaqués magistralement sur un piano de la plus belle sonorité.

— Qu'est-ce que cela ? demanda la Peyrade.

— C'est Lydie, répondit Corentin avec ce qu'on aurait pu appeler un mouvement d'orgueil paternel ; elle est admirablement bonne musicienne, et, si elle n'écrit plus, comme au temps où elle était lucide, de délicieuses mélodies, sous ses doigts elle en fait naître qui souvent me vont à l'âme... L'âme de Corentin, ajouta en souriant le petit vieillard, c'est, je pense, faire de la virtuose un assez bel éloge! Mais, asseyons-nous pour l'écouter ; si nous entrions, le concert aussitôt prendrait fin, et la consultation commencerait.

La Peyrade était stupéfait en écoutant une improvisation où l'union si rarement parfaite de l'inspiration et de la science ouvrait à sa nature impressionnable une source d'émotions aussi profondes qu'imprévues. Corentin jouissait de la surprise que de moments en moments le Provençal exprimait par des exclamations admiratives et, faisant valoir sa marchandise :

— Hein! comme c'est joué! disait-il ; Listz ne lui va pas à la cheville !

A un *scherzo* très-vif, l'exécutante fit succéder les premières notes d'un *adagio*.

— Ah ! elle va chanter, dit Corentin reconnaissant le motif.

— Elle chante aussi? demanda la Peyrade.

— Comme la *Pasta* et la *Malibran*; écoutez-moi ça !

En effet, après quelques mesures d'une ritournelle en arpéges éclata une voix vibrante dont le timbre parut remuer le Provença! jusque dans les profondeurs de son être.

— Comme la musique vous impressionne !

dit Corentin. Vous étiez décidément faits l'un
pour l'autre.

De son geste, la Peyrade imposait silence
au causeur, et à mesure que tombaient les
notes, accrue de moment en moment, son
émotion finit par lui arracher ce cri, dont à
son tour Corentin parut vivement frappé :

— Oh! mon Dieu! c'est bien le même air, la
même voix !

— Est-ce que déjà, demanda le grand
homme de police, vous auriez rencontré Lydie
quelque part?

— Je ne sais pas..., je ne pense pas, répondit la Peyrade d'une voix entrecoupée, et
dans tous les cas il y aurait bien longtemps...
Mais cet air..., cette voix...; il me semble...

— Entrons, dit Corentin.

Et, ouvrant brusquement la porte, il en-
traîna après lui le Provençal.

Tournant le dos à la porte et empêchée par
le bruit du piano d'entendre ce qui se passait
derrière elle, Lydie ne s'aperçut de rien.

— Voyez! dit Corentin, avez-vous d'elle un
souvenir?

La Peyrade avança de quelques pas, et

aussitôt que seulement il eut pu apercevoir le profil de la folle :

— C'est elle ! s'écria-t-il éperdu en joignant avec bruit les mains au-dessus de sa tête.

— Silence ! avait répondu Corentin.

Mais au cri poussé par Théodose, Lydie s'était retournée et son attention s'arrêtant sur Corentin :

— Que vous êtes méchant et ennuyeux, dit-elle, de venir me troubler ainsi ! vous le savez bien, je n'aime pas qu'on m'écoute. Ah ! mais non ! ajouta-t-elle en voyant l'habit noir de la Peyrade, vous m'amenez le docteur, c'est bien gentil à vous, j'allais vous prier de l'envoyer chercher ; la petite ne fait que crier depuis ce matin ; j'ai beau chanter pour l'endormir, rien n'y fait.

Et dans un coin où avec deux chaises renversées et les coussins d'un divan elle avait fait quelque chose qui ressemblait à une barcelonnette, elle courut chercher ce qu'elle appelait son enfant.

Tout en allant vers la Peyrade, pendant que d'une main elle portait son précieux fardeau, de l'autre, n'ayant des yeux que pour la folle création de son cerveau malade, Lydie était

censée arranger le bonnet de sa *petite chérie*.
A mesure qu'elle approchait, tremblant, pâle,
l'œil fixe, Théodose, qui maintenant voyait à
plein mademoiselle de la Peyrade, reculait
d'un mouvement où se marquait la terreur, et
il ne s'arrêta qu'au moment où un siége placé
derrière lui lui fit perdre l'équilibre et le reçut
dans sa chute.

Un homme de la force de Corentin, et qui
d'ailleurs savait jusqu'aux moindres détails de
l'horrible drame dans lequel Lydie avait perdu
la raison, avait déjà tout deviné et tout compris, mais il entrait dans ses idées de laisser
éclater au milieu de ces affreuses ténèbres la
vive lumière de l'évidence.

— Tenez, docteur, disait cependant Lydie
en écartant les langes dont, à mesure qu'elle
les détachait, elle plaçait les épingles entre
ses lèvres, voyez si elle ne maigrit pas à vue
d'œil !

La Peyrade n'avait garde de répondre; le
visage caché par son mouchoir, il laissait
échapper de sa poitrine une respiration hale-
tante qui ne lui eût pas permis de prononcer
une parole.

Alors, avec un de ces mouvements d'impa-

tience fébrile auxquels la prédisposait son état
mental :

— Mais regardez-la donc, docteur, s'écria-
t-elle en prenant violemment le bras de Théodose et en le forçant à lui laisser voir ses traits.
Mon Dieu ! fit-elle aussitôt qu'elle eut envisagé
le Provençal.

Et laissant tomber le paquet de linge qu'elle
tenait dans ses bras, elle se rejeta vivement
en arrière. Ses yeux devinrent hagards ; passant vivement ses mains blanches sur son
front et dans ses cheveux qu'elle mit en désordre, elle semblait faire effort pour obtenir
de sa mémoire un souvenir endormi et rebelle.
Ensuite, comme une cavale épouvantée qui
vient flairer l'objet dont elle a reçu une impression de terreur, elle se rapprocha lente-
ment et, se courbant à moitié pour voir de
plus près le visage que le Provençal tenait
baissé et cherchait à lui dérober, au milieu
d'un inexprimable silence, elle donna quelques secondes à cet examen. Tout à coup un
cri terrible s'échappe de sa poitrine, elle court
se réfugier dans les bras de Corentin et, se
serrant contre lui d'une étreinte forcenée :

— Sauvez-moi ! sauvez-moi ! s'écria-t-elle,

c'est lui ! le méchant ! l'indigne ! C'est lui qui a tout fait.

Et de son doigt étendu elle semblait clouer à sa place le misérable objet de son horreur.

Après cette explosion, elle balbutia quelques paroles sans suite, ses yeux se voilèrent, Corentin sentit le relâchement de tous les muscles par lesquels un moment il avait été serré comme dans un étau, et il reçut dans ses bras Lydie privée de sentiment, sans que la Peyrade, anéanti, eût même la pensée de s'approcher pour l'aider à la soutenir et à la déposer sur un divan.

— Ne restez pas ici, monsieur, dit Corentin. Allez dans mon cabinet ; tout à l'heure j'irai vous y rejoindre.

Et, en effet, quelques minutes plus tard, la malade laissée aux soins de Kate et de Bruneau, et Perrache dépêché en toute hâte auprès du docteur Bianchon, Corentin se retrouvait avec la Peyrade.

— Vous voyez, monsieur, lui dit-il avec solennité, si, en poursuivant avec une sorte de passion la pensée de ce mariage, j'entrais bien dans les voies de Dieu.

— Monsieur, dit la Peyrade avec componc-
tion, je dois en effet vous avouer...

— C'est inutile, interrompit Corentin, vous
n'avez rien à m'apprendre et c'est moi qui ai
beaucoup à vous dire. Le vieux Peyrade, votre
oncle, dans l'espérance de gagner une dot
pour sa fille qu'il idolâtrait, s'était entremis,
ce que vous ne ferez jamais si vous m'en
croyez, dans le dangereux maniement d'une
affaire privée. Sur son chemin, dans cette
affaire, il rencontra ce Vautrin dont vous me
parliez hier et que la police n'avait pas encore
absorbé comme elle fit depuis. Votre oncle,
tout habile qu'il était, n'était pas de force à
jouter contre cet homme qui, d'ailleurs, lui,
dans le cercle de ses moyens, admettait tout :
le meurtre, le poison, le viol[1]. Pour paralyser
l'action de votre oncle, Lydie fut non pas en-
levée, mais attirée hors de chez lui et conduite
dans une maison d'apparence honnête, où,
pendant dix jours, elle resta séquestrée, mais
sans concevoir trop d'inquiétude sur sa captivité et l'absence de son père. On était parvenu
à lui persuader que tout se faisait par son

---

[1] Voir *Splendeurs et misères des courtisanes.*

ordre : aussi, monsieur, vous vous le rappelez, elle chantait !

— Oh ! fit la Peyrade en se couvrant le visage de ses mains.

— Mise à rançon, reprit Corentin, l'infor-
tunée jeune fille, si son père dans ce délai de
dix jours n'exécutait pas ce qui lui avait été
intimé, était réservée à un traitement horrible. Un narcotique, un homme devant jouer
le rôle que l'on fit jouer au bourreau avec la
fille de Séjan...

— Monsieur, monsieur, par grâce ! s'écria
la Peyrade.

— Je vous le disais bien hier, reprit Corentin, que peut-être vous aviez sur la
conscience autre chose que la maison Thuillier ; mais vous étiez si jeune alors ! Sans expérience, vous apportiez de votre pays cette bru-
talité, cette frénésie du sang méridional qui
se rue dans une occasion telle quelle, et
d'ailleurs on avait découvert votre parenté
avec la victime, et pour les artistes en forfaits
qui préparaient la ruine d'une autre Clarisse
Harlowe, le raffinement de votre intervention
avait quelque chose de trop attrayant pour
que même un plus habile et un plus roué que

vous eût pu se flatter d'échapper aux enlacements dont vous fûtes l'objet. Heureusement la Providence a permis que, dans cette épouvantable histoire, il n'y eût rien que de réparable ; le même poison, selon qu'il est employé, peut donner la mort où rendre la santé.

— Mais, monsieur, dit la Peyrade, ne serai-je pas pour *elle* un objet d'horreur, et cette réparation dont vous parlez me sera-t-elle possible ?

— Le médecin, monsieur, dit Kate en ouvrant la porte.

— Comment est mademoiselle Lydie? demanda vivement la Peyrade.

— Très-calme, répondit Kate, et tout à l'heure, comme pour la décider à se mettre au lit, ce qu'elle ne voulait pas faire, disant qu'elle n'était pas malade, je lui apportais son paquet de chiffons : « Qu'est-ce que tu veux que je fasse de ça, ma pauvre Kate? m'a-t-elle dit d'un air tout étonné ; si tu veux que je joue à la poupée, aies-en donc une au moins qui soit un peu mieux tournée que celle-là. »

— Vous voyez, dit Corentin en serrant la main du Provençal, vous aurez été la lance d'Achille.

Et il sortit avec Katt pour aller recevoir Bianchon.

Resté seul, Théodose était depuis quelque temps livré aux réflexions que l'on peut se figurer, quand la porte du cabinet venant à s'ouvrir, Bruneau, le valet de chambre, introduisit Cérizet.

En voyant la Peyrade :

— Ah ! ah ! je le savais bien, s'écria le commis-greffier, que tu finirais par voir du Portail. Eh bien, et le mariage, cela marche-t-il ?

— Mais c'est du vôtre, plutôt, répondit le Provençal, qu'il faut demander des nouvelles.

— Tiens ! on t'a dit ça ? Ma foi ! oui, mon cher. Il faut faire une fin, après avoir long-temps vogué sur la mer orageuse... Tu sais qui j'épouse ?

— Oui, une jeune artiste, mademoiselle Olympe Cardinal, une protégée de la famille Minard, qui donne trente mille francs pour son établissement.

— Lesquels, reprit Cérizet, joints à trente mille dont j'ai promesse de du Portail, si ton mariage se fait, et aux anciens vingt-cinq mille que m'a valus ton mariage qui ne se fera pas, forment un capital assez rondelet de

quatre-vingt-cinq mille ; avec ça, ma foi, et
une jolie femme, il faudrait être bien abandonné du Ciel pour ne pas pouvoir aborder
quelques affaires. Mais j'en ai une, avant toute
chose, à traiter avec toi. Du Portail, trop occupé pour me recevoir, me renvoie ici afin
que nous nous entendions sur la manière
d'inquiéter la nomination de Thuillier. As-tu
quelque idée là-dessus ?

— Non, et j'avoue même que, dans la situation d'esprit où m'a jeté la conversation que je
viens d'avoir avec M. du Portail, je ne me sens
pas une grande disposition à l'imaginative.

— Voici la situation, reprit Cérizet : le gouvernement a sous main un autre candidat qui
ne s'est pas encore produit, parce que les ar-
rangements ministériels avec lui ont été difficiles. Pendant ce temps, la candidature de
Thuillier a fait du chemin ; Minard, sur lequel on avait compté pour une diversion, s'est
bêtement tenu dans son coin ; la saisie de votre
brochure a donné à ton stupide protégé un
certain parfum de popularité. Bref, le minis-
tère a peur de le voir passer, et rien ne lui serait plus désagréable que sa nomination. Les
pompeux imbéciles comme Thuillier, c'est hor-

riblement embarrassant dans l'opposition : ce
sont des cruches sans anse, on ne sait par où
les prendre.

— M. Cérizet, dit la Peyrade commençant
à prendre le ton protecteur et voulant d'ailleurs savoir jusqu'à quel point son interlocuteur était dans la confidence de Corentin, je
vous trouve bien au fait de la pensée intime du
gouvernement : est-ce que vous auriez trouvé
le chemin de certaine caisse de la rue de Gre-
nelle?

— Non. Tout ce que je vous dis là, repartit
Cérizet, car il paraît que décidément le *tu* est
supprimé entre nous, je le tiens de du Portail.

— Ah çà! dit la Peyrade en baissant la
voix, qu'est-ce que c'est au juste que du Portail, puisque tu es avec lui en relation depuis
quelque temps? Un homme de ta force a dû pénétrer le personnage qui, entre nous, me paraît avoir quelque chose d'assez mystérieux.

— Mon ami, répondit Cérizet, du Portail
est un homme assez fort. C'est un vieux finaud
qui me fait l'effet d'avoir été employé dans
l'administration des domaines où il a dû occuper quelque direction dans les départements
supprimés lors de la chute de l'empire,

comme qui dirait le département de la Dyle, de
la Loire, de Sambre-et-Meuse ou des Deux-
Nethes.

— Oui, dit la Peyrade.

— Là, continua Cérizet, il me paraît avoir
fait sa pelote, et ce qui est assez ingénieux,
ayant une fille naturelle, il s'est arrangé un
petit marchepied de philanthropie en la donnant pour la fille d'un de ses amis nommé
Peyrade, qu'il aurait recueillie. Maintenant,
pour corroborer la vraisemblance de cette
version, ton nom de *la Peyrade* lui aurait
donné l'idée de te la faire épouser, parce
qu'enfin il fallait bien la marier à quelqu'un.

— Très-bien! mais ses relations intimes
avec le gouvernement, et ce souci qu'il prend
des élections, comment les expliques-tu?

— On ne peut plus naturellement, répondit
Cérizet. Du Portail est un homme qui aime
l'argent et qui aime à se mêler; il rend à Ras-
tignac, le grand faiseur électoral, et qui est,
je crois, son compatriote, quelques services en
amateur; l'autre, en échange, lui donne des
nouvelles avec lesquelles il joue à la Bourse.

— C'est lui qui t'a fait toutes ces confidences? demanda la Peyrade.

— Pour qui me prends-tu! repartit Cérizet; avec le vieux brave homme dont tu vois
que j'ai déjà tiré la promesse de trente mille
francs, je fais le niais et je m'aplatis, mais j'ai
fait causer Bruneau, le vieux valet de chambre.
Tu peux entrer dans la maison, mon cher,
du Portail est puissamment riche, il te fera
nommer sous-préfet; et puis de là à une pre-
fecture avec la fortune que tu auras, tu comprends qu'il n'y a qu'un pas.

— Je te remercie de ces renseignements,
dit la Peyrade, au moins je saurai sur quel
pied danser; mais, toi-même, comment l'as-tu
connu?

— Oh! c'est toute une histoire; par mon intermédiaire, il est rentré dans la possession
d'une forte partie de diamants qui lui avait été
dérobée.

A ce moment parut Corentin :

— Tout va au mieux, dit-il à la Peyrade. La
raison paraît en très-bonne voie de revenir.
Bianchon, auquel je n'ai rien dû laisser ignorer, désire avoir avec vous une conférence :
ainsi, mon cher M. Cérizet, nous remettrons
à ce soir, si vous le voulez bien, notre petite
étude de l'affaire Thuillier.

— Eh bien, le voilà, enfin, dit Cérizet en frappant sur l'épaule de la Peyrade.

— Oui, dit Corentin, et vous savez ce que je vous ai promis, vous pouvez y compter.

Cérizet sortit tout joyeux.

XXIV

ÉCHEC A THUILLIER.

———

Le lendemain du jour où entre Corentin, la Peyrade et Cérizet, avait dû se tenir cette conférence qui avait pour objet la mise en état de siége de la candidature de Thuillier, celui-ci devisait avec sa sœur de la lettre par laquelle Théodose avait déclaré renoncer à la main de Céleste, et il se montrait surtout préoccupé de ce *post-scriptum* laissant entrevoir que le Provençal pourrait ne pas garder la rédaction en chef de *l'Écho de la Bièvre*. A ce moment, Henri, son domestique, vint lui demander s'il voulait recevoir M. Cérizet.

Le premier mouvement de Thuillier fut d'éconduire ce visiteur si imprévu. Toutefois, en y pensant mieux, il se représenta que, dans l'embarras où d'un moment à l'autre il se sentait menacé d'être laissé par la Peyrade, Cérizet pouvait lui être une précieuse ressource. En conséquence, il ordonna qu'on l'introduisît.

Son accueil fut néanmoins très-froid et en quelque sorte expectant. Quant à Cérizet, il se présenta sans embarras et comme un homme qui avait calculé les conséquences de sa démarche.

— Eh bien, mon cher monsieur, dit-il à Thuillier, commencez-vous à être un peu édifié sur le sieur la Peyrade?

— Qu'entendez-vous par là? demanda le vieux *Beau*.

— Mais l'homme, répondit Cérizet, qui, après avoir tant intrigué pour épouser votre filleule, rompt brusquement ce mariage, comme un de ces jours il rompra le contrat léonin qu'il vous a fait souscrire pour sa rédaction en chef, ne doit pas, ce me semble, être de votre part l'objet d'une confiance aussi aveugle que par le passé.

— Ainsi, dit vivement Thuillier, vous avez quelques données relativement à l'intention où serait la Peyrade de ne pas rester avec moi au journal?

— Non, dit le banquier des pauvres; dans les termes où je suis avec lui, vous comprenez que je ne l'ai pas vu et que j'ai encore moins reçu ses confidences. Mais pour tirer une induction, je pars du caractère bien connu du personnage, et vous pouvez tenir pour certain que, du jour où il trouvera sa belle à vous quitter, il vous plantera là, comme on quitte un vieux paletot; j'ai passé par là et vous parle d'expérience.

— Vous aviez donc eu avec lui quelques démêlés avant l'affaire de la gérance? demanda Thuillier.

— Parbleu! repartit Cérizet, l'affaire de cette maison qu'il vous a fait faire, c'était moi qui avais levé le lièvre. Il devait me mettre en relation avec vous, me ménager la principale location de l'immeuble, mais la malheureuse histoire de cette enchère étant arrivée, il en a

profité pour m'évincer et se réserver tous les
bénéfices de la combinaison.

— Les bénéfices, fit remarquer Thuillier, je
ne vois pas qu'ils aient été pour lui très-nota-
bles, et, excepté le mariage que lui-même
refuse aujourd'hui...

— Comment! interrompit l'usurier, dix
mille francs d'abord qu'il a tirés de vous, sous
prétexte de cette croix que vous attendez encore, puis les vingt-cinq mille francs dus à
madame Lambert, et que vous avez cautionnés, et que vous pourriez fort bien payer
comme un joli garçon.

— Qu'est-ce que j'apprends, s'écria Brigitte
en bondissant, vingt-cinq mille francs que tu
as cautionnés?

— Oui, mademoiselle, repartit Cérizet,
derrière la somme que cette femme avait autant prêtée que moi, il y avait un mystère, et,
si je n'avais pas mis la main sur l'explication
véritable, il y avait certainement quelque chose
de fort sale au fond. Mais la Peyrade a eu
l'habileté de se blanchir auprès de M. votre
frère et de s'imposer alors comme un homme
méconnu et nécessaire...

— Mais, interrompit Thuillier, comment

avez-vous su que j'avais cautionné M. de la
Peyrade, si vous ne l'avez pas vu depuis ce
moment?

— Par cette servante, monsieur, qui dit à
tout venant que maintenant elle est bien sûre
d'être payée.

— Eh bien, dit Brigitte à son frère, tu fais
de jolies affaires !

— Mademoiselle, repartit Cérizet, j'ai voulu
inquiéter un peu M. Thuillier, mais en réalité,
je ne crois pas que vous perdiez rien. Sans
savoir au juste le mariage que fait la Peyrade,
il me paraît difficile que la famille veuille le
laisser sous le coup de ces deux dettes hon-
teuses, et, s'il le faut, je m'y entremettrai.

— Monsieur, dit Thuillier, en vous remer-
ciant de votre officieuse intervention, permettez-moi de vous dire qu'elle me surprend un
peu, car la façon dont nous nous sommes
quittés ne devait pas me la faire espérer.

— Ah çà ! dit Cérizet, est-ce que par hasard
vous pensez que je vous en aie voulu ? Je vous
ai plaint, voilà tout ; je vous ai vu sous le
charme et me suis dit qu'il fallait vous laisser
expérimenter le la Peyrade, mais je savais
bien que le jour de la justice ne tarderait pas

à luire pour moi. Avec ce monsieur, les mauvais procédés ne se font jamais longtemps attendre.

— Permettez, dit Thuillier, je ne prends pas pour un mauvais procédé la rupture du mariage dont il avait été question; la chose s'est faite en quelque sorte d'un commun accord.

— Et l'embarras où il se propose de vous laisser, répondit Cérizet, en désertant brusquement sa position de rédacteur en chef, et la dette sous le coup de laquelle il vous a placé, vous prenez aussi cela pour une galanterie?

— M. Cérizet, dit Thuillier se tenant toujours sur la réserve, je le disais une fois à la Peyrade, il n'y a pas d'homme indispensable, et la rédaction en chef de mon journal venant à vaquer, je suis certain que je verrais aussitôt bien des empressés venant m'offrir leurs services.

— Est-ce pour moi que vous dites cela? demanda Cérizet; vous tomberiez bien mal, car vous me feriez l'honneur de désirer mon concours, que je serais dans l'impossibilité de vous l'accorder. Il y a longtemps que je suis dégoûté des journaux; je m'étais, je ne sais comment, laisser entortiller par la Peyrade pour faire encore avec vous une campagne, mais cette dernière expérience n'ayant pas été heureuse, je me suis bien promis qu'on ne m'y prendrait plus : c'était de tout autre chose que d'une affaire de presse que j'étais venu vous parler.

— Ah ! fit Thuillier.

— Oui, reprit Cérizet, me rappelant la manière ronde dont vous aviez traité l'affaire de cette maison où j'ai l'honneur d'être reçu par vous, j'avais pensé que je ne pouvais pas mieux m'adresser pour quelque chose du même genre que je me trouve avoir en ce moment sous la main. Mais moi je ne ferai pas comme la Peyrade. Je ne vous dirai pas que je veux épouser votre filleule et que je fais ce que je fais par amitié et par dévouement pour vous. C'est une affaire, j'y veux d'abord une part ; ensuite, je crois que mademoiselle doit trouver assez lourde l'administration de cet immeuble, car je remarquais tout à l'heure que toutes vos boutiques sont encore à louer. Eh bien, si elle voulait reprendre cette idée de principale location que la Peyrade a étouffée, ceci pourrait entrer en compte dans notre

partage des bénéfices. Voilà, monsieur, l'objet
de ma visite, et vous voyez que la question
journal y est étrangère de tout point.

— Mais cette affaire, dit Brigitte, il faudrait
d'abord la connaître.

— C'est précisément, répondit Cérizet, le
contraire de celle que vous avez faite avec la
Peyrade. Vous avez eu cette maison pour rien,
mais vous étiez inquiétés par une surenchère.
Eh bien, aujourd'hui il s'agit d'une ferme en
Beauce, qui vient d'être vendue pour un mor-
ceau de pain, et, au moyen d'une légère addi-
tion de prix, vous pourriez l'avoir dans les
conditions d'un bon marché fabuleux.

Et Cérizet expliqua tout le mécanisme de
l'opération, détail dans lequel le lecteur nous
dispensera d'entrer, attendu, selon toute apparence, qu'il y trouverait moins d'intérêt que
Brigitte. L'exposé était très-clair, très-net; il
s'empara vivement de l'esprit de la vieille fille,
et Thuillier lui-même, malgré toute sa défiance
préventive, fut obligé de convenir que l'affaire
dont on lui parlait avait au moins l'apparence
d'une très-belle spéculation.

— Seulement, il faudrait voir la chose, dit
Brigitte.

On se rappelle que, pour l'affaire de la maison, elle n'avait pas voulu donner la moindre parole à la Peyrade, avant une descente sur lieux.

— Rien n'est plus facile, dit Cérizet : moi-même, pour le cas où nous ne traiterions pas ensemble, j'ai besoin de me rendre compte ; mon intention était de faire ces jours-ci cette petite excursion ; tantôt, si vous voulez, je serai à votre porte avec une chaise de poste ; demain, de grand matin, nous serons rendus, nous donnerons notre coup d'œil, nous déjeu-nerons, et demain soir nous pouvons être ici pour l'heure du dîner.

— Mais la poste, dit Brigitte, c'est bien grand seigneur ; il me semble que la diligence…

— Avec les diligences, répondit Cérizet, on ne sait pas quand on arrive ; du reste, vous n'avez pas à vous préoccuper de la dépense ; le voyage, je le ferai toujours seul, si ce n'est pas avec vous ; je vous offre donc deux places dans ma voiture. Eh bien, si l'affaire se con-clut, quand nous serons à régler les parts, nous mettrons les frais en commun.

Pour les avares, les petits bénéfices sont souvent, dans les grandes affaires, d'une consi-

dération déterminante ; après un peu de résistance *pro formâ*, Brigitte finit par accepter
l'arrangement proposé, et le même jour, les
trois associés prenaient la route de Chartres.
Cérizet avait engagé Thuillier à ne pas aviser
la Peyrade de ce voyage, de peur qu'il ne prît
envie au Provençal de profiter de cette courte
absence pour lui ménager quelque coup de
Jarnac.

Le lendemain, sur les cinq heures du soir,
le trio était de retour, et le frère et la sœur,
qui en présence de Cérizet n'avaient pas eu la
liberté de se communiquer leurs impressions,
furent tous deux d'avis que l'acquisition serait
excellente. Ils avaient trouvé des terres de
première qualité, des bâtiments d'exploitation
dans un parfait état, du bétail et un matériel
ayant très-bonne mine ; et devenir propriétaire
d'un bien rural, c'était pour Brigitte la dernière consécration de l'opulence.

— Minard, dit-elle, n'a que sa maison de
ville et des capitaux ; nous, nous aurons de la
terre, un bien-fonds ; on n'est pas riche sans
cela.

Thuillier n'était pas tellement sous le charme
de ce rêve dont la réalisation était d'ailleurs à

un terme assez éloigné, qu'il en perdît de vue
la députation et le journal. Un de ses premiers
soins fut de demander le numéro qui avait
paru le matin.

— Il n'est pas arrivé, répondit le domestique.

— Comme la distribution se fait bien! dit
Thuillier avec humeur, le propriétaire n'est
pas même servi!

Et, quoique l'heure du dîner approchât et
qu'après la traite qu'il venait de faire il eût été
plus en humeur d'aller se mettre au bain que
de courir rue d'Enfer, Thuillier prit un cabriolet et se rendit au bureau de *l'Écho*.

Là, mécompte nouveau, le journal *était fait*,
tous les employés partis aussi bien que la
Peyrade, et quant à Coffinet, qui, ne se trouvant plus à son poste de garçon de bureau,
aurait dû au moins se trouver à son poste de
concierge, il était *allé en course*, dit sa femme,
et avait emporté la clef de l'armoire où se con-
servait la collection du journal. Impossible
donc de se procurer le numéro que le malheureux propriétaire était venu chercher de si
loin.

Peindre l'indignation de Thuillier serait

impossible; se promenant à grands pas dans le bureau de rédaction, et se parlant haut à lui-même, comme on fait dans les situations passionnées :

— Je les flanquerai tous dehors! s'écriait-il.

Et nous sommes obligé d'adoucir l'énergie de sa furieuse exclamation.

Comme il achevait cet anathème, on frappa à la porte de la pièce qui venait d'en être témoin.

— Entrez! cria Thuillier d'un ton où se peignaient son impatience et sa colère.

Parut alors Minard qui se précipita dans ses bras.

— Mon bon, mon excellent ami! se prit à dire le maire du onzième en faisant succéder à son embrassade une chaude poignée de main.

— Quoi donc? qu'est-ce? répondit Thuillier sans pouvoir rien comprendre à cette chaleur de démonstrations.

— Ah! mon cher, continua Minard, c'est un procédé admirable, on n'est pas plus chevaleresque, plus désintéressé; aussi l'effet est énorme dans tout l'arrondissement.

— Mais quoi, encore un coup? s'écria Thuillier impatienté.

— L'article, la démarche, poursuivit Minard, tout est d'une noblesse, d'une élévation!

— Mais quel article? quelle démarche? dit
le propriétaire de *l'Écho* tout à fait hors de
lui.

— L'article de ce matin, reprit Minard.

— L'article de ce matin?

— Ah çà! voyons, est-ce que vous l'avez
écrit en dormant, ou, comme M. Jourdain faisait de la prose, faites-vous de l'héroïsme sans
le savoir?

— Moi! je n'ai pas fait d'article, s'écria
Thuillier, j'étais absent de Paris depuis hier
et je ne sais pas même ce qu'il y a dans le
journal de ce matin; il n'y a pas ici seulement
un garçon de bureau pour me donner un numéro.

— Je l'ai là, dit Minard en tirant de sa po-
che le numéro tant désiré; si la rédaction n'est
pas de vous, au moins vous l'avez inspirée, et,
dans tous les cas, l'acte reste.

Thuillier s'était précipité sur la feuille que
venait de lui remettre Minard, et il dévorait
plutôt qu'il ne lisait l'article qui suit :

« Assez longtemps le propriétaire de ce
journal régénéré a subi sans se plaindre et

sans y répondre les lâches insinuations dont
une presse vénale abreuve tout citoyen qui,
fort de ses convictions, refuse de passer sous
les fourches caudines du pouvoir. Assez longtemps un homme qui a déjà fait ses preuves
de dévouement et d'abnégation dans les im-
portantes fonctions de l'édilité parisienne a
laissé dire qu'il n'était qu'un ambitieux et
qu'un intrigant. M. Jérôme Thuillier, du haut
de sa dignité, a vu passer avec mépris ces in-
sultes grossières, et, encouragés par son dédaigneux silence, des écrivains stipendiés ont
pu écrire qu'un journal, œuvre de conviction
et du patriotisme le plus désintéressé, n'était
que le marchepied d'un homme et la spéculation d'un coureur de députation. M. Jérôme
Thuillier, devant ces imputations, est resté
impassible, parce que la justice et la vérité
sont patientes, et qu'il voulait d'un seul coup
écraser le reptile. Le jour de cette exécution
est arrivé. »

— Diantre de la Peyrade! dit Thuillier en
s'arrêtant à cette phrase; comme c'est touché!

— Ah! c'est magnifique! s'écria Minard.

Reprenant à haute voix :

« Tout le monde, amis et ennemis, conti-

nua Thuillier, rendra à M. Jérôme Thuillier
ce témoignage qu'il n'avait rien fait pour acca-
parer une candidature venue spontanément
s'offrir à lui. »

— C'est évident, dit encore Thuillier en
s'interrompant.

Puis, continuant de lire :

« Mais, puisque ses sentiments ont été si
odieusement dénaturés, ses intentions si indignement travesties, M. Jérôme Thuillier se
doit à lui-même, et surtout il doit au grand
parti national dont il est l'un des humbles sol-
dats, de donner un exemple qui confonde les
vils sycophantes du pouvoir. »

— La Peyrade me pose vraiment très-bien,
dit Thuillier en suspendant encore sa lecture,
et je comprends maintenant pourquoi il a empêché qu'on m'envoyât le journal, il voulait
jouir de ma surprise : « qui confonde les vils
sycophantes du pouvoir, » reprit-il après cette
réflexion.

« M. Thuillier a si peu fondé un journal
d'opposition dynastique pour poser et soutenir son élection, qu'au moment même où cette
élection semble entourée des chances les mieux
dessinées et les plus désespérantes pour ses

rivaux, il déclare ici publiquement, de la manière la plus formelle, la plus absolue et la plus irrévocable, RENONCER A SA CANDIDATURE... »

— Comment ! comment ! s'écria Thuillier croyant avoir mal lu ou avoir mal compris.

— Allez donc ! dit le maire du onzième.

Et, comme Thuillier, l'air égaré, ne paraissait pas disposé à poursuivre, Minard lui prit le journal des mains et, lisant à son lieu et place :

« Renoncer, continua-t-il, à sa candidature, et engager les électeurs à reporter sur M. Minard, maire du onzième arrondissement et son ami et collègue dans les fonctions municipales, toutes les voix dont ils paraissaient disposés à l'honorer. »

— Mais c'est une infamie ! s'écria Thuillier recouvrant la parole, vous avez acheté ce jésuite de la Peyrade.

— Ainsi, dit Minard stupéfait de l'attitude de Thuillier, l'article n'était pas convenu avec vous ?

— Le misérable a profité de mon absence pour le glisser dans le journal ; je m'explique maintenant pourquoi il a empêché qu'on m'envoyât le numéro.

— Mon cher, dit Minard, ce que vous dites

là paraîtra à tout le monde bien incroyable.

— Mais je vous dis que c'était une trahison, un guet-apens abominables. Renoncer à ma candidature! et pourquoi y renoncerais-je?

— Vous comprenez, mon cher, dit Minard, s'il y a abus de confiance, j'en suis désolé, mais j'ai lancé ma circulaire électorale et, ma foi! maintenant à l'heureux l'heureux!

— Laissez-nous donc, dit Thuillier, c'est une comédie payée par vous!

— M. Thuillier, s'écria Minard d'un ton menaçant, je ne vous engage pas à répéter cette parole, à moins que vous ne soyez décidé à m'en rendre raison.

Heureusement pour Thuillier, qui nous a fait précédemment sa profession de foi sur le courage civil, il fut dispensé de répondre par Coffinet; ouvrant la porte du bureau de rédaction, le garçon de bureau annonça :

— Messieurs les électeurs du douzième arrondissement.

L'arrondissement était représenté par cinq personnes; un pharmacien, président de la députation, interpella Thuillier dans les termes suivants :

« Nous sommes venus, monsieur, après

avoir pris connaissance d'un article inséré ce matin dans l'*Écho de la Bièvre*, vous demander quelles sont au juste l'origine et la portée de cet article, trouvant incroyable qu'après avoir brigué nos suffrages, vous veniez, au moment de l'élection, par un puritanisme mal entendu, jeter le désordre et la désunion dans nos rangs et probablement assurer le triomphe du candidat ministériel. Un candidat ne s'appartient plus, il appartient aux électeurs qui ont promis de l'honorer de leurs votes. Du reste, continua l'orateur en jetant un coup d'œil sur Minard, *la présence en ces lieux* du candidat que vous prenez la peine de nous recommander indique qu'entre vous et lui il y a connivence, et je n'ai pas besoin de demander qui l'on trompe ici. »

— Mais non, messieurs, dit Thuillier, je ne renonce pas à ma candidature. Cet article a été écrit et imprimé sans mon aveu. Demain, vous en verrez le démenti dans le journal même, et en même temps vous apprendrez que l'infâme qui a trahi ma confiance a cessé d'appartenir à la rédaction.

— Ainsi, dit l'orateur, malgré votre déclaration contraire, vous continuez d'être le candidat de l'opposition?

— Oui, messieurs, jusqu'à la mort, et je vous prie d'user dans le quartier de toute votre influence pour que l'effet de ce guet-apens soit neutralisé officieusement jusqu'au moment où je pourrai officiellement lui opposer le désaveu le plus formel.

— Très-bien! très-bien! dirent les électeurs.

— Et quant à la présence de M. Minard, mon concurrent, *en ces lieux*, je ne l'ai pas provoquée, et au moment où vous êtes entré, j'étais engagé avec lui dans l'explication la plus vive.

— Très-bien! très-bien! firent encore les électeurs.

Et après avoir cordialement serré la main du pharmacien, Thuillier reconduisit la députation jusqu'aux confins de l'appartement.

De retour dans la salle de rédaction :

— Mon cher Minard, dit Thuillier, je retire la parole qui vous a blessé, mais vous pouvez voir maintenant ce qu'il devait y avoir de bonne foi dans mon indignation.

Coffinet ouvrit de nouveau la porte et annonça:

— Messieurs les électeurs du douzième arrondissement.

L'arrondissement était cette fois représenté par sept personnes. Un marchand bonnetier, président de la députation, adressa à Thuillier le petit *speech* qui suit :

« Monsieur, c'est avec une sincère admiration que nous avons appris ce matin, par votre journal, le grand acte civique duquel nous sommes tous généralement touchés. Vous faites preuve, en vous retirant, d'un désintéressement peu ordinaire, et l'estime de vos concitoyens... »

— Permettez, dit Thuillier en interrompant, je ne dois pas vous laisser poursuivre ; l'article dont vous voulez bien me féliciter a été inséré par erreur.

— Comment ! dit le bonnetier, vous ne vous retirez pas ? et vous pouvez penser qu'à côté de la candidature de M. Minard, dont la présence *en ces lieux* me paraît alors assez singulière, votre insistance a quelque chance de succès ?

— Monsieur, dit Thuillier, veuillez engager messieurs les électeurs à attendre le numéro de demain, j'y fournirai les explications les plus catégoriques. L'article d'aujourd'hui est le résultat d'un malentendu.

— Tant pis ! monsieur, dit le bonnetier, si vous manquez l'occasion de vous placer dans l'opinion de vos concitoyens à côté des Washington et autres grands hommes de l'antiquité.

— A demain, messieurs, dit Thuillier ; je n'en suis pas moins sensible à votre démarche, et, quand vous saurez toute la vérité, j'espère que vous ne trouverez pas que j'aie démérité de votre estime.

— C'est un assez drôle de gâchis que tout cela ! dit à haute voix un électeur.

— Oui, dit un autre, on a un peu l'air de nous faire poser !

— Messieurs, messieurs ! dit le président de la députation en mettant le holà, à demain ! nous lirons les explications du candidat.

Et la députation se retira.

Il est peu probable que Thuillier l'eût reconduite au delà de la première porte, mais dans tous les cas il en fut empêché par la Peyrade qui entrait au même moment.

— Je viens de chez toi, mon cher, dit le Provençal ; on m'a dit que je te trouverais ici.

— Et, sans doute, vous y venez dans le dessein de me donner des explications sur l'étrange article que vous vous êtes permis d'insérer en mon nom?

— Précisément, dit la Peyrade; l'homme que vous savez, et dont vous avez déjà éprouvé la puissante influence, me confia hier, dans votre intérêt, la pensée du gouvernement, et je restai convaincu qu'un échec était pour vous inévitable. Je voulus alors vous ménager une retraite digne et honorable.

— Fort bien, monsieur, dit Thuillier, mais vous savez que dès à présent vous n'appartenez plus à la rédaction de cette feuille?

— Je venais moi-même vous l'annoncer.

— Et sans doute régler le petit compte que nous avons ensemble.

— Messieurs, dit Minard, je vois que vous êtes en affaires, et je vous tire ma révérence.

Minard une fois sorti :

— Voilà dix mille francs, dit la Peyrade, que je vous prie de remettre à mademoiselle Brigitte, plus l'acte par lequel vous vous portiez caution à mon profit des vingt-cinq mille francs dus à madame Lambert, dont voici le reçu.

— C'est bien, monsieur, dit Thuillier.

La Peyrade salua et sortit.

— Serpent! dit Thuillier en le regardant aller.

— Cérizet a trouvé le mot, dit la Peyrade : un pompeux imbécile !

———

XXV

———

Le coup porté à la candidature de Thuillier
fut mortel, mais Minard n'en profita pas. Pendant qu'ils se disputaient les suffrages des
électeurs, un homme du château, un aide de
camp du roi, arriva les mains pleines de bureaux de tabac et autre menue monnaie électorale, et, troisième larron, passa entre les
deux candidats occupés à se gourmer.

Il va sans dire que Brigitte n'eut pas sa
ferme en Beauce : c'était un mirage à l'aide

duquel Thuillier avait été attiré hors de Paris pour que la Peyrade pût faire son coup. Service rendu au gouvernement, cette mystification était en même temps la vengeance de toutes les humiliations que le Provençal avait subies.

Thuillier eut bien quelque soupçon de la complicité de Cérizet, mais celui-ci sut se justifier, et en maquignonnant la vente de *l'Écho de la Bièvre,* qui était devenu un cauchemar pour son malheureux propriétaire, il se fit blanc comme neige.

Achetée par les soins de Corentin, la pauvre feuille de l'opposition devint un *canard* vendu le dimanche dans les cabarets, après avoir été confectionné dans les *antres* de la police.

Un mois environ après la scène où la Peyrade s'était assuré que par une faute de son passé il avait irrévocablement engagé son avenir, marié avec sa victime, qui avait alors d'assez longs intervalles lucides, mais qui ne devait recouvrer la plénitude de sa raison qu'à l'époque et à la condition précédemment indiquées par les médecins, le survivancier de Corentin était un matin avec lui dans son cabinet.

Prenant part à ses travaux, il faisait sous ce gand maître l'apprentissage des difficiles et délicates fonctions auxquelles désormais il était rivé. Mais Corentin ne trouvait pas que son élève mît à cette initiation tout l'entrain et toute la belle humeur qu'il aurait désiré. Il s'apercevait bien que dans la conscience du Provençal il y avait le sentiment d'une déchéance morale ; le temps devait avoir raison de cette impression, mais le calus n'était pas formé.

Après avoir décacheté un certain nombre d'enveloppes renfermant des rapports de ses agents, Corentin parcourait un instant de l'œil ces renseignements beaucoup plus rarement utiles qu'on ne pourrait le supposer, puis il les jetait dédaigneusement dans un panier dont ensuite ils sortaient en bloc pour être brûlés. Mais à l'un de ces rapports le grand homme de police parut donner une attention particulière ; pendant qu'il le parcourait, de temps à autre un sourire venait effleurer ses lèvres ; quand il eut achevé :

— Tenez, dit-il à la Peyrade en lui passant le manuscrit, voilà qui vous intéresse, et vous verrez si dans notre métier qui vous paraît si

grave nous ne trouvons pas parfois la comédie
sur notre chemin : lisez tout haut, cela nous
égayera.

Avant que la Peyrade eût commencé à lire :

— Il faut que vous sachiez, ajouta Corentin, que le rapport est du nommé Henri
que madame Cromorn avait placé chez les
Thuillier.

— Ainsi, dit la Peyrade, des domestiques
donnés de votre main, c'est là un de vos
moyens?

— Quelquefois, répondit Corentin : pour
tout savoir, il faut user de toutes les ressources ; mais, à ce sujet, il s'est débité
nombre de bourdes. Il n'est pas vrai que la
police, érigeant ce procédé en système, ait à
de certaines époques, au moyen d'un enrôle-
ment général des laquais et femmes de chambre, étendu un vaste réseau sur l'intérieur des
familles. Rien n'est absolu dans notre manière
de faire ; nous nous conduisons selon le temps
et les circonstances. J'avais besoin d'une
oreille et d'une influence chez les Thuillier,
j'y avais lâché la Godollo ; elle, de son côté,
pour la seconder, installa là un de nos
hommes, garçon intelligent, comme vous allez

voir; mais dans une autre occasion je ferais
arrêter un serviteur venant m'offrir de me
vendre les secrets de son maître, et par mes
soins, un avis parviendrait à l'intéressé pour
qu'il eût à se défier de la discrétion de son
entourage.

M. le directeur de la police secrète, écrivait à Corentin le nommé Henri :

« Je ne suis pas resté chez le petit baron,
c'est un homme entièrement occupé de ses
plaisirs et jamais chez lui, je n'eusse rien re-
cueilli qui fût digne de vous être rapporté. J'ai
trouvé une autre place où j'ai déjà été témoin
de plusieurs choses qui, à raison de la mission qui m'avait été confiée par madame la
comtesse de Godollo, me paraissent devoir vous
intéresser; je m'empresse donc de les porter
à votre connaissance.

« La maison où je suis *employé* est celle
d'un vieux savant nommé M. Picot, qui loge
au premier, place de la Madeleine, dans la
maison et l'appartement précédemment habités
par mes anciens maîtres les Thuillier. »

— Comment ! s'écria la Peyrade en interrompant sa lecture, le père Picot, ce vieux

fou ruiné, occupant ce magnifique appartement !

— Allez, allez! dit Corentin, la vie est
pleine de bien autres étrangetés; cela vous
sera expliqué plus bas; notre correspondant
— c'est leur défaut à tous de se noyer dans les
détails, — ne met que trop les points sur les *i*.

Le nommé Henri ajoutait :

« Les Thuillier depuis quelque temps ont
quitté cet appartement pour retourner dans
leur quartier latin. Mademoiselle Brigitte ne
s'était jamais beaucoup plu dans *nos* parages ;
son défaut absolu d'éducation l'y mettait mal
à l'aise. *De ce que* je parle correctement elle
m'appelait l'orateur, ne pouvait pas souffrir
M. Pascal, son concierge, *vu* qu'étant bedeau
de la paroisse de la Madeleine, il a des formes,
et même aux marchands du grand marché
situé derrière l'église, et où elle s'approvision-
nait comme de raison, elle trouvait quelque
chose à redire, se plaignant qu'ils avaient des
airs *capables,* parce qu'ils ne sont pas mal em-
bouchés comme à la halle et qu'ils lui riaient
au nez quand elle les chipotait sur les prix.

« Elle a donné sa maison en principale location à un appelé M. Cérizet, un homme très-

laid et qui a le nez tout rongé, moyennant un
revenu annuel de cinquante-cinq mille francs.
Ce principal paraît s'y entendre, il vient d'é-
pouser une actrice des petits théâtres et comp-
tait occuper l'appartement du premier, où il
parlait même d'établir avec son ménage les
bureaux d'une *Compagnie d'assurance pour la
dot des enfants*, quand M. Picot, arrivant d'Angleterre avec sa femme, une Anglaise très-
riche, a vu l'appartement et en a offert un bon
prix, ce qui a décidé M. Cérizet à le lui cé-
der; c'est *pour lors* que par l'intermédiaire de
M. Pascal, le concierge, avec lequel j'avais
conservé de très-bons rapports, je suis entré
chez ce M. Picot. »

— M. Picot, marié avec une Anglaise très-
riche, dit la Peyrade en s'interrompant encore;
c'est incompréhensible !

— Poursuivez donc, dit Corentin, je vous
dis que vous comprendrez plus tard.

« La fortune de mon nouveau maître, poursuivit la Peyrade, est toute une histoire, et
j'en parle à M. le directeur parce qu'une autre
personne *dont* madame de Godollo s'était in-
téressée *à son* mariage s'y trouve étroitement
mêlée. Cette autre personne est le nommé

Félix Phellion, inventeur d'une étoile, et qui, de désespoir de ne pouvoir se marier avec cette demoiselle que l'on voulait donner au sieur la Peyrade, que madame de Godollo a si bien turlupiné... »

— Le maraud! dit le Provençal en parenthèse, comme il parle de moi! il ne sait pas encore à qui il a affaire.

Corentin rit beaucoup, puis il engagea son élève à poursuivre.

« Qui, de désespoir de ne pouvoir se marier avec cette demoiselle, était parti pour l'Angleterre, où il devait s'embarquer pour un voyage autour du monde, ce qui est bien une idée d'amoureux. Apprenant son départ, M. Picot, son ancien professeur et qui s'intéresse beaucoup à lui, était aussitôt parti après lui pour s'opposer à ce coup de tête, et cela ne lui fut pas difficile. Les Anglais sont naturellement très-jaloux des découvertes, et quand ils virent M. Phellion venant pour s'embarquer à la suite de leurs savants, ils lui demandèrent s'il avait un ordre de l'amirauté, ce que n'ayant pas pu fournir, ils lui rirent au nez et partirent sans vouloir rien entendre, craignant qu'il n'en sût plus qu'eux. »

— Il arrange bien *l'entente cordiale*, votre M. Henri, dit gaiement la Peyrade.

— Oui, répondit Corentin ; vous serez frappé, dans tous les rapports de nos agents, de cette tendance générale et continue au dénigrement. Mais, que voulez-vous ! pour faire le métier d'espions, on ne peut pas avoir des anges.

— « Restés sur la plage, Télémaque et son Mentor, » reprit la Peyrade.

— Vous voyez que nos hommes sont lettrés, fit remarquer Corentin.

— « Télémaque et son Mentor se disposaient à retourner en France, quand M. Picot reçut une lettre, comme il n'y a que les Anglais capables d'en écrire. On lui disait que l'on avait lu sa *Théorie du mouvement perpétuel* ; que l'on avait appris la magnifique découverte qu'il venait de faire d'une étoile ; qu'on le regardait comme un génie au moins égal à Newton, et que si la main de celle qui lui écrivait, jointe à quatre-vingt mille liv. sterling ou deux millions de dot, pouvait lui convenir, elle était à sa disposition. M. Picot parut sensible à l'offre, et il alla au rendez-vous que lui donnait l'Anglaise, une femme d'au moins qua-

rante ans, ayant le nez rouge, de grandes
dents, et portant des lunettes. La première
pensée du bonhomme avait été de la faire
épouser à son élève; mais voyant bien que cela
serait impossible, avant d'accepter pour son
compte, il *observa* qu'il était vieux, aux trois
quarts aveugle, qu'il n'avait pas découvert
d'étoile et ne possédait pas un sou vaillant.
L'Anglaise répondit que Milton n'était pas
jeune non plus, et qu'il était tout à fait aveugle; que M. Picot ne paraissait avoir qu'une
cataracte, qu'elle s'y connaissait, car elle était
fille d'un chirurgien, et qu'elle le ferait opérer;
qu'elle ne tenait pas absolument à ce qu'il eût
découvert une étoile; que c'était le créateur
de la *Théorie du mouvement perpétuel* qui, depuis dix ans, était l'homme de ses rêves et auquel elle offrait de nouveau sa main avec
quatre-vingt mille liv. sterling de dot ou deux
millions. M. Picot repartit que, si la vue lui
était rendue et que l'on consentit à aller habiter Paris, attendu qu'il détestait l'Angleterre,
il se laisserait épouser. L'opération fut faite,
et bien faite, et, au bout de trois semaines, les
nouveaux époux arrivaient dans la capitale.
Tous ces détails, je les tiens de la femme de

chambre de madame, avec laquelle je suis au
mieux. »

— Voyez-vous le fat! dit en riant Corentin.

— « Mais ce qui me reste à raconter à M. le
directeur sont des faits dont je puis parler *de
visu* et que je suis par conséquent en mesure
de lui certifier.

« Aussitôt que M. et madame Picot eurent
achevé leur installation, qui se fit de la manière la plus somptueuse et la plus confortable, mon maître me chargea d'un certain nombre d'invitations à dîner pour la famille
Thuillier, pour la famille Colleville, pour la
famille Minard, pour M. l'abbé Gondrin, vicaire de la Madeleine, et enfin pour presque
tous les convives d'un dîner où, un mois avant,
il s'était trouvé de raccroc chez les Thuillier,
et où il s'était conduit d'une façon assez singulière. Toutes les personnes qui reçurent ces
lettres furent si étonnées d'apprendre que le
vieux bonhomme Picot était marié richement
et occupait l'ancien appartement des Thuillier,
qu'en général elles vinrent chez M. Pascal,
le concierge, pour voir si elles n'étaient pas
dupes d'une mystification. Les renseignements
ayant été reconnus *sincères et véritables*, toute

la société se trouva exacte au rendez-vous,
mais pour M. Picot, il ne s'y trouva pas.

« On était reçu par madame Picot qui, parlant très-peu français, disait à tous les arri-
vants : *Mon méri vient tout à l'heure*, et ensuite
ne pouvait faire aucune autre conversation,
en sorte que la réunion était très-froide et
très-mal à l'aise. Enfin M. Picot arrive ; on
est d'abord stupéfait de voir, au lieu d'un vieil
aveugle mal mis, un beau jeune vieillard portant bien son bois comme M. Ferville, du Gym-
nase, et qui dit d'un air dégagé :

— Je vous demande pardon, mesdames, de
ne pas m'être trouvé là au moment de votre
arrivée, mais j'étais à l'Académie des sciences
où j'attendais le résultat d'une élection, celle
de M. Félix Phellion, que vous connaissez
tous, et qui vient d'être nommé à l'unanimité
moins trois voix.

« Cette nouvelle parut faire de l'effet sur la
réunion. Alors M. Picot reprit :

« — J'ai aussi, mesdames, des excuses à
vous faire pour la manière un peu insolite
dont je me suis conduit, il y a quelques semaines, dans le lieu même qui nous réunit au-
·ourd'hui. Mais j'avais pour excuse mon infir-

mité, les embarras d'un procès, une vieille
gouvernante qui me volait et me tourmentait
en mille manières, et dont j'ai le bonheur
d'être débarrassé. Aujourd'hui vous me voyez
rajeuni, riche des bienfaits de l'aimable femme
qui m'a donné sa main, et je me trouverais
dans la plus heureuse disposition pour vous
recevoir comme il convient, si le souvenir de
mon jeune ami, dont le choix de l'Académie
vient de consacrer l'illustration, ne jetait pas
sur ma pensée un voile de tristesse. Tous ici,
continua M. Picot en élevant la voix, nous
fûmes coupables envers lui ; moi d'ingratitude
quand il m'attribuait la gloire de sa découverte, et le prix dû à ses travaux immortels,
et qu'il devait plus tard, en m'attirant en Angleterre, être la cause du bonheur venu me
chercher sur mes vieux jours ; cette demoiselle
que je vois là-bas, des larmes dans les yeux,
de l'avoir follement accusé d'athéisme ; cette
autre demoiselle à la figure sévère, d'avoir
répondu avec dureté à une noble démarche de
son vieux père, dont elle aurait dû mieux accueillir les cheveux blancs ; M. Thuillier, de
l'avoir sacrifié à son ambition ; M. Colleville,
de n'avoir pas fait son rôle de père, qui était

de vouloir pour le mari de sa fille le plus digne et le plus honnête ; M. Minard, de l'avoir
jalousé en voulant pousser son fils à sa place.
Il n'y a ici que deux personnes, madame
Thuillier et M. l'abbé Gondrin, qui lui aient
rendu pleine justice ! Eh bien, je le demande
à cet homme de Dieu, n'y a-t-il pas quelquefois à douter de la justice divine, quand ce
généreux jeune homme, notre victime à tous,
est, à l'heure qu'il est, livré aux flots et aux
tempêtes, et quand, durant trois longues années, il va laisser après lui le souci de son
retour !

« — Elle est bien grande, la Providence,
monsieur ! répondit l'abbé Gondrin ; Dieu pro-
tégera M. Félix Phellion au milieu des périls,
et dans trois ans, j'en ai la ferme espérance,
il sera rendu à ses amis.

« — Mais, dans trois ans, reprit M. Picot,
sera-t-il temps encore ? Mademoiselle Colleville l'aura-t-elle attendu ?

« — Oui, je le jure ! s'écria la jeune fille
entraînée par un mouvement dont elle ne fut
plus maîtresse.

« Et aussitôt, toute honteuse, elle se rassit
en fondant en larmes.

« — Et vous, mademoiselle Thuillier, continua M. Picot, et vous, madame Colleville, permettrez-vous à cette enfant de se réserver pour celui qui est si digne d'elle?

« — Mais oui, mais oui, cria-t-on de toute part, car la voix de M. Picot, qui est pleine et sonore, et où on sentait comme des larmes, avait rempli d'émotion généralement toute l'assistance.

« — Il est donc temps, dit M. Picot, d'amnistier la Providence.

« Et, courant à la porte où j'avais l'oreille collée, et où il faillit me surprendre :

« — Annoncez, me dit-il à très-haute voix : M. Félix Phellion et sa famille.

« Et, en effet, d'une porte qui s'ouvrit sortirent cinq ou six personnes qui, sur les pas de M. Picot, pénétrèrent dans le salon.

« A l'aspect de son *amant*, mademoiselle Colleville s'était trouvée mal, mais cette syncope ne dura qu'un moment, et, en voyant M. Félix à ses genoux, elle se jeta en pleurant dans les bras de madame Thuillier, en s'écriant :

« — Marraine, vous m'aviez toujours dit d'espérer !

« Mademoiselle Thuillier, dont, malgré sa roideur de caractère et son peu d'éducation, j'ai toujours pensé que c'était une maîtresse femme, eut alors un beau mouvement ; comme on parlait de passer dans la salle à manger :

« — Un instant ! dit-elle.

« Et allant au-devant de M. Phellion père :

« — Monsieur et ancien ami, lui dit-elle, je vous demande pour mademoiselle Colleville, notre fille adoptive, la main de M. Félix Phellion !

« — Bravo ! bravo ! cria-t-on de toutes parts.

« — Mon Dieu ! dit M. Phellion les larmes aux yeux, qu'ai-je donc fait pour tant de bonheur !

« — Vous avez été honnête homme et chrétien sans le savoir, » répondit l'abbé Gondrin.

Ici la Peyrade jeta le manuscrit.

— Eh bien, vous n'achevez pas, dit Corentin en reprenant le papier. Au fait, il n'y a plus rien, M. Henri *m'avoue* que toute cette scène l'a ému ; il me dit que, sachant que j'avais pris autrefois intérêt à ce mariage, il a cru devoir m'informer des circonstances de sa conclusion, et, comme tous les rapports de

police un peu étendus, il conclut lui-même par
la demande légèrement voilée d'une gratifi-
cation. Ah ! pourtant, reprit Corentin, il y a
un détail assez important : l'Anglaise, en dî-
nant, aurait fait annoncer par M. Picot qu'elle
n'a pas d'héritiers et qu'après elle et son mari
toute sa fortune passerait à Félix, qui par conséquent sera puissamment riche.

La Peyrade s'était levé et se promenait à
grands pas.

— Eh bien, dit Corentin, qu'avez-vous
donc ?

— Rien, répondit le Provençal.

— Si fait, reprit l'homme de police, je crois
que vous êtes un peu jaloux du bonheur de
ce jeune homme. Mon cher, permettez-moi de
vous le dire, si un pareil dénoûment était de
votre goût, il fallait procéder comme lui ;
quand je vous ai envoyé cent louis pour que
vous fissiez votre droit ; je ne vous destinais
pas à me succéder, vous deviez ramer péni-
blement sur votre galère, avoir le courage de
travaux obscurs et pénibles, votre jour serait
arrivé. Mais vous avez voulu violer la fortune.

— Monsieur ! dit la Peyrade.

— Je veux dire la hâter, la couper en

herbe ; vous vous êtes jeté dans le journalisme ; de là dans les affaires ; vous avez fait
la connaissance de MM. Dutocq et Cérizet, et
franchement je vous trouve heureux d'avoir
abordé au port qui vous a reçu aujourd'hui.
Du reste, vous n'êtes pas assez simple de
cœur pour que les joies réservées à Félix
Phellion eussent jamais eu pour vous grande
saveur. Ces bourgeois...

— Les bourgeois, dit vivement la Peyrade,
je les sais maintenant, et je les ai appris à mes
dépens. Ils ont de grands ridicules, de grands
vices même, mais ils ont des vertus et à tout
le moins des qualités estimables ; là encore
est la force vitale de notre société corrompue.

— Votre société ! dit en souriant Corentin ;
vous parlez comme si vous étiez encore dans
les rangs. Vous êtes hors cadre, mon cher, et
il faudrait vous montrer plus content de votre
lot ; les gouvernements passent, les sociétés
périssent ou s'étiolent, mais nous, nous do-
minons tout cela et la police est éternelle.

FIN.

BIBLIOTHÈQUE INTERNATIONALE.

REVUE BRITANNIQUE, *recueil international,* Édition Franco-Belge, un cahier par mois, nouvelle série, 1855, formant chaque année deux forts volumes in-8°, imprimés avec soin et contenant la matière de plus de huit volumes in-8° ordinaires, par an.